Für meine Enkel
und alle Nachkommen
von
Anna und Bernhard Stennecken

Anneliese Stennecken-Schmidt

Von Bombennächten und Bauernhof

Meine Kindheit und Jugendjahre

Bearbeitet und herausgegeben
von

Annemarie Quapp

Kindheit und Krieg

Die Familie Stennecken im Jahre 1937

Am 25.Oktober 1928 wurde ich in Bocholt geboren. Ich war das vierte Kind in unserer Familie. Jedes Jahr, wenn am 24. Oktober abends die Glocken der St. Georgs-Kirche das Fest des Heiligen Chrispinus einläuteten, sagte meine Mutter zu mir: „Morgen hast du Geburtstag." Der Hl. Chrispinus ist der Schutzpatron der Schuster. Bei unseren Vorfahren mögen einige Schuster gewesen sein, denn diesen Tag nahm man sehr wichtig. Darum wurde mein Geburtstag nie vergessen.Wir wohnten auf der Dinxperloer Straße bei Tante Trücken. Sie war die Schwester der ersten Frau meines Vaters. Als ich vier Wochen alt war, zogen wir zum Yorkplatz in ein Reihenhaus. Nach dem Krieg wurde der Yorkplatz zum Beckmannplatz umbenannt.

An meine ersten Kinderjahre habe ich eigentlich nur den jährlichen Besuch meines Großvaters in Erinnerung behalten. Er konnte wunderbar mit uns spielen. Er saß im kleinen Park vor unserer Haustür auf der Bank und alle Kinder der Nachbarschaft scharrten sich um ihn.

Was wir gespielt haben, weiß ich nicht mehr, jedenfalls war es sehr lustig. Ich kann ihn mir noch gut vorstellen.

Er wohnte in Witten-Annen und hieß Josef Herbst und war der Vater meiner Mutter. Als ich fünf Jahre alt war, starb er.

Im April 1935 wurde ich eingeschult. Ich war sechseinhalb Jahre alt. Meine Mutter brachte mich in die Kreuzbergschule. Wir gingen die hohe Treppe hinauf und durch einen großen Flur. Gleich im ersten Klassenraum musste ich angemeldet werden. Es standen dort schon sehr viele Mütter mit ihren Kindern. Am Pult saß ein alter Mann. Er sollte unser Lehrer sein. Jedes Kind wurde von seiner Mutter bis zum Pult begleitet. Als wir an der Reihe waren, gab Mama das Stammbuch dem Mann am Pult in die Hand. Dieser schrieb meinen Namen und mein Geburtsdatum in ein Heft. Dann durfte ich mich zu den anderen Kindern in die Bank setzen. Als er die Namen aller Kinder eingetragen hatte, schickte er die Mütter nach Hause. Alle Kinder hatten Angst, denn kein Kind war vorher in einer Schule gewesen. Nun hatte ich das Pech, zu diesem alten Lehrer in die Klasse zu kommen, denn es waren noch zwei weitere Klassen eingeschult worden, eine Jungenklasse und eine Mädchenklasse. Die dritte Klasse wurde als gemischte Klasse eingerichtet und in diese kam ich.

Unser Klassenlehrer war gleichzeitig auch der Rektor der Schule. Er war schon 65 Jahre alt. Eigentlich war er schon ein Rentner und hatte in Münster unterrichtet. Warum er an dieser Schule noch als Rektor eingesetzt wurde, war allen rätselhaft. Jedenfalls für mich war er ein sehr alter Mann, mit einem sehr dicken Bauch und einem grauen Schnurrbart, an dem er dauernd drehte. Das Lesen und Schreiben haben wir wohl bei ihm gelernt, aber sonst nicht viel.

Er war ein begeisterter Anhänger Adolf Hitlers. Dessen Ideen versuchte er uns bei jeder Gelegenheit einzutrichtern. Er erzählte uns oft etwas über die Juden, dass diese eigentlich nichts in unserem Land zu suchen hätten. Er versuchte auch uns ständig davon zu überzeugen, dass die Kirche in unserem Leben völlig unwichtig wäre. Er meinte, im Wald könne man genau so gut beten, das hätten die alten Germanen auch getan.

Von den alten Germanen war er ganz begeistert. Er erzählte uns von den Göttern Wotan und Thor und von der Göttin Frya, von Schlachten und Gerichtsstätten.

Er erzählte uns von König Widukind und von einem schrecklichen Bischof, der in Verden an der Aller 800 Germanen töten ließ, weil sie den christlichen Glauben nicht annehmen wollten. Diese Dinge hat er uns so eingetrichtert, dass ich sie bis heute nicht vergessen habe.

Bis 1939 bin ich bei diesem Rektor gewesen.

Als ich in die fünfte Klasse kam und die Schule wechseln musste, musste ich mich ganz schön anstrengen, all das bei ihm Versäumte nachzuholen.

In unserer Stadt gab es auch damals die Martinszüge, aber nur noch in den Jahren vor dem Krieg. Mein älterer Bruder Werner schnitzte für uns kleinere Geschwister schöne Laternen aus Runkelrüben.

Am Morgen des Martinszuges mussten wir die Runkel mit in die Schule bringen. Dann wurden die schönsten Runkelfackeln ausgesucht und zum Rathaus gebracht. Dort wurden sie dann unter den Rathausbögen aufgehängt und mit elektrischem Licht ausgeleuchtet.

Marias und meine Runkel hingen auch in einem Rathausbogen. Am Abend des Martinszuges gingen wir dann ohne Laterne. Dafür bekamen wir außer unserer Martinstüte noch einen großen Lebkuchen-Martin, der auf Pappe festgemacht war.

Das war ja ganz schön, aber lieber hätte ich doch beim Martinszug meine schön geschnitzte Runkel selber getragen.

An einen Martinszug erinnere ich mich ganz genau. Es muss kurz nach der so genannten Reichskristallnacht gewesen sein. In der Nobelstraße war alles so dunkel und unheimlich. Da waren an einigen Häusern die Fenster und Türen mit Brettern zugenagelt. SA-Leute hatten dort bei jüdischen Familien alles kaputt geschlagen. Die Leute hatten fluchtartig die Häuser verlassen. Ich verstehe bis heute noch nicht, warum man mit den Kindern durch diesen Stadtteil zog. Der Martinszug hätte doch auch umgeleitet werden können.

Als ich später zu Hause nachfragte, wer denn die Fenster bei den Häusern eingeschlagen hätte, bekam ich keine richtige Antwort.

Für die Eltern war es viel zu gefährlich, mit ihren Kindern über diese Dinge zu sprechen. Aber unser Rektor redete am anderen Morgen ganz frei in der Schule darüber. Er fand es ganz gut, dass man es den Juden endlich mal zeigte, wem dieses Land gehöre.

Als wir größer wurden, haben uns unsere Eltern schon davon überzeugt, dass nicht alles, was man uns in der Schule erzählte, der Wahrheit entsprach.

Am 25. Februar 1937 bekamen wir einen kleinen Bruder. Er wurde im St. Agneshospital geboren. Er ist übrigens das einzige von uns 8 Kindern, das im Krankenhaus geboren wurde.

Vor der Geburt des Kindes war unsere Mutter lange krank. Sie hatte im Anfang der Schwangerschaft einen Herzinfarkt und musste die ganze Zeit bis zur Geburt des Kindes im Bett bleiben.

Es war für uns Kinder eine harte Zeit. Immerhin waren wir noch klein, durften aber Mamas Zimmer lange nicht betreten. Es ging ihr sehr schlecht und wir hatten schreckliche Angst, dass sie sterben könnte.

Grete war 3 ½, Irmgard 5 ½, ich war 7 ½ und Maria war 9 Jahre alt. Heiner und Werner, Papas Söhne as erster Ehe, waren schon in der Berufsausbildung.

Jeden Morgen kam eine Familienpflegerin vom Dritten Orden, die bei uns kochte und Mama pflegte. Unsere Cousine Maria Rensing und ein paar Nachbarinnen halfen auch. Das Schlimmste war ja, dass wir nicht mit Mama sprechen konnten. Irmgard hatte sich einmal heimlich ins Zimmer geschlichen und war unter Mamas Bett gekrochen. Da war sie dann eingeschlafen. Mama hörte so komische Geräusche und als die Schwester ins Zimmer kam, bat sie sie doch einmal unter dem Bette nachzuschauen. Da lag dann Irmgard und schlief ganz fest.
Wir haben uns alle so über den kleinen Hermann-Josef gefreut und darüber, dass Mama wieder aufstehen durfte.

In dieser Woche, als Mama im Krankenhaus war, war auch der Bischof Klemens-August Graf von Galen in Bocholt, um die Bocholter Kinder zu firmen.
Unsere Kirche befand sich noch im Bau. Wir hatten eine kleine Notkirche am Königsmühlenweg. Eigentlich war es eine Fabrikhalle. Bis die neue Kirche fertig war, war dort immer Gottesdienst.
In allen Pfarrkirchen wurden viele Kinder gefirmt. Auch in unserer Notkirche Hl. Kreuz war Firmung. Ich bin auch in die Kirche gegangen um zuzusehen, denn ich wurde noch nicht gefirmt. Eigentlich hätte auch meine Schwester dabei sein müssen, aber da sie an Mumps erkrankt war, wurde sie im

Krankenhaus mit den kranken Kindern gefirmt.

Den Bischof aber wollte ich unbedingt sehen, und weil keiner mit mir gehen konnte, bin ich eben allein in die Kirche gegangen.

Als die Feier zu Ende war, gingen alle Leute aus der Kirche heraus und stellten sich vor der Pastorat auf.

Damals war diese noch auf dem Mühlenweg. Also jetzt stand eine ziemlich große Volksmenge vor der Pastorat und alle Leute riefen laut: „Wir wollen unseren Bischof sehen!"

Sie riefen immer lauter, so lange, bis der Bischof aus dem Haus kam und die Leute segnete.

In einiger Entfernung standen Männer in SA-Uniformen und beobachteten das Ganze. Aber sie hielten sich zurück und trieben die Menge nicht auseinander.

Ein Jahr später, am 5. Februar, bekamen wir noch einen Bruder. Die ganze Nacht war es in unserem Haus so unruhig gewesen. Weil ich bei jedem Geräusch schnell aufwachte, hatte ich eiliges Hin- und Herlaufen unten im Hause gehört. Dann hörte ich auf einmal ein Baby schreien. Da hielt mich nichts mehr in meinem Bett. Das Baby wollte ich sehen. Als ich herunter kam, lag das Kind schon im Körbchen, ganz schwarzhaarig und winzig. Mein Gott, fand ich es schön.

Aber erklären konnte ich mir das Ganze nicht. Wieso war das Kind auf einmal da?

Im Oktober wurde ich 10 Jahre alt und hatte keine Ahnung. Damals klärte niemand die Kinder auf.

Als Mama nach ein paar Tagen den kleinen Berni badete, standen wir anderen Kinder alle dabei und sahen zu. Da habe ich sie gefragt: „Wo war er vorher, als er noch nicht bei uns war?" Mama wurde ganz verlegen und sagte nach einer Weile: „Da war er noch ein Blümchen auf der Himmelswiese."

„Das glaube ich nicht, Mama, ein Blümchen kann kein Mensch werden!"

Maria, die Mamas Verlegenheit mehr spürte als ich, gab mir ein Zeichen, so dass ich aufhörte weiter zu fragen.

Damals habe ich mir vorgenommen, wenn ich einmal Mutter sein würde, würde ich meinen Kindern alles erklären.

Ich war so enttäuscht von meiner Mutter, die doch eigentlich so eine ehrliche und gute Mutter war. Denn dass sie mir nicht die Wahrheit gesagt hatte, wusste ich ganz genau. Um wirklich alles über Schwangerschaft und Geburt zu erfahren, darüber musste ich noch einige Jahre älter werden.

Ab April 1939 musste ich die Langenbergschule besuchen.

Diese befand sich genau neben der Liebfrauenkirche. In diese Schule musste ich

14

gehen, weil die Nazis immer neue Dinge einführten.

1938 wurden die Kreuze, die immer in allen Klassenzimmern über dem Pult hingen, über den Türen aufgehängt. Etwas später wurden die Kreuze aus Schulen und öffentlichen Gebäuden entfernt.
Dann wurden die Konfessionsschulen aufgelöst und nur noch Gemeinschaftsschulen erlaubt. Auch der Religionsunterricht wurde in den Schulen abgeschafft. Jetzt wurde der Religionsunterricht in Kirchen und Pfarrheimen gegeben. Aber die Teilnahme war freiwillig. Dieser Unterricht fand am Nachmittag statt. Die meisten Eltern schickten ihre Kinder dort hin.
Wegen der Einrichtung der Gemeinschaftsschulen wurden viele Kinder in andere Schulen geschickt. Sehr wahrscheinlich war damit beabsichtigt, dass die Kinder, die aus den evangelischen Schulen kamen, nicht auffallen sollten.
Jetzt kannten sich viele Kinder nicht. Es waren nur wenige Kinder, die in ihrer alten Schule bleiben konnten. Also wegen der Einrichtung der Gemeinschaftsschulen musste ich jeden Tag den weiten Weg zur Langenbergschule gehen. Mit mir gingen noch zehn Mädchen aus meiner Klasse. Die Kreuzbergschule wurde jetzt in „Schule an der Münsterstraße" umbenannt. Das Tor des Schulhofes, das zur Reygerstraße führte, hatte

man schon vor längerer Zeit verschlossen. Damit erreichte man, dass die Leute aus dem Yorkviertel, die sonst immer über den Schulhof zur Kirche gingen, einen weiteren Weg dorthin hatten.

Vor allen Dingen war es wohl für die Schulkinder gedacht, die oftmals noch vor der Schule von ihren Eltern in die Schulmesse geschickt wurden. So trödelten sie auf dem längeren Weg über die Blücherstraße, kamen zu spät zur Messe und gingen schließlich gar nicht mehr hin. Damit war das Ziel, die Kinder von der Kirche fernzuhalten, erreicht. Die deutsche Jugend sollte nämlich von allem Aberglauben befreit werden und nur an Deutschland glauben.

Wir lernten das Gedicht:
Du sollst an Deutschlands Zukunft glauben,
an deines Volkes Auferstehn.
Lass diesen Glauben dir nicht rauben
Trotz allem, allem, was geschehn.
Und handeln sollst du so,
Als hing von dir und deinem Tun allein
Das Schicksal ab der deutschen Dinge
Und die Verantwortung wär`dein.

Solche und viele ähnliche Gedichte über das Vaterland und unseren Führer mussten wir auswendig lernen.

Adolf Hitler wollte ein Großdeutsches Reich gründen. Er begann damit, dass er Österreich heim ins Reich holen wollte.

Wir in Bocholt haben das alles gut miterlebt, denn hinter unserem Stadtwald war ein

großes Barackenlager gebaut worden. Dorthin kamen viele Österreicher, die schon Anhänger Hitlers waren, aber in Österreich nicht gern gesehen wurden. Hier im Lager warteten sie darauf, mit den Nationalsozialisten siegreich in Österreich einzumarschieren.
Eines Tages war es dann so weit: die Österreicher konnten wieder nach Hause und dort die Herren spielen.
Das Stadtwaldlager wurde jetzt von unseren Soldaten bewohnt. Es wurde immer mehr vergrößert und viele Wehrmachtsangehörige blieben monatelang dort.
Jetzt war unser Land das Großdeutsche Reich.

Wir lernten folgendes Gedicht. Es war vertont worden und so sangen wir oft:

Großdeutschland wirst du genannt,
du Heimat leuchtendes Land
mit den grünen Matten
im goldenen Glanz .
Du Volk im Erntekranz.
Großdeutschland, früher so fern
Nun strahlst du hell wie ein Stern
Wenn wir werden Brüder in Glück und Leid
Ein Volk in Einigkeit.

Aber so friedlich sollte es nicht weitergehen. Hinter vorgehaltener Hand munkelten die Erwachsenen über einen bevorstehenden Krieg.

Am 1. September 1939 weckte uns Mama ganz aufgeregt. Sie hatte gerade in den Nachrichten im Radio gehört, dass in Polen der Krieg angefangen hatte.

Wir standen schnell auf und zogen uns an. Wir sollten alle noch vor der Schule in die Kirche gehen. Wir Kinder hatten noch gar nicht begriffen, worum es ging. Jedenfalls musste Krieg etwas sehr Schlimmes sein.

Aber da ich noch keinen Krieg kannte, hatte ich auch keine Ahnung, warum Mama so aufgeregt war. Also gingen Maria und ich in die Kirche. Als wir in die Hl.Kreuz-Kirche kamen, waren alle Bänke schon besetzt! Die Kirche war so voller Menschen wie sonst nur an Weihnachten. Die Nachricht vom Krieg hatte wohl alle Mütter mit ihren Kindern in die Schulmesse getrieben.

Immer, wenn andere Mütter mit ihren Kindern zusammen waren, empfand ich es als schlimm, dass unsere Mutter nie mit uns zusammen in die Kirche gehen konnte. Unsere Mutter musste immer bei den Kleinen zu Hause bleiben. Ich bin mir in solchen Momenten sehr verlassen vorgekommen. Ich habe das auch zu Mama gesagt. Aber dann lachte sie und sprach davon, die Kleinen abzugeben. Aber nein, das wollten wir Mädchen auf keinen Fall! Unsere kleinen Brüder hätten wir für nichts auf der Welt abgegeben. Dass Mama nur scherzte, das haben wir erst gar nicht gemerkt.

Der Krieg ging weiter. Aber in der ersten Zeit merkten wir eigentlich gar nichts davon. Nur beim Mittagessen, wenn Papa die Nachrichten im Radio hören wollte, durften wir nicht sprechen. Das fand ich ganz schlimm, denn gerade, wenn ich aus der Schule kam, wollte ich immer alles erzählen. Der Krieg mit den Polen dauerte genau 18 Tage und dann kam ein ganzes Regiment, das dort gekämpft hatte, nach Bocholt. Es war das Pommern-Regiment. Alle Familien, die Platz hatte, mussten einen Soldaten in Quartier nehmen.

Sie blieben den ganzen Winter 1939 – 40 in unserer Stadt. Unser Soldat hieß Ernst Kein und kam aus Stolp in Pommern. Er schlief im Bett meines Bruders Heiner. Heiner war auch schon zu den Soldaten eingezogen worden. Zuerst war er im Arbeitsdienst, dann wurde er bei der Flak ausgebildet. Flak bedeutet Flugabwehrkanonen. Werner, mein zweitältester Bruder, war noch zu Hause. Er teilte mit Ernst das Zimmer. Das war damals so. Ein Soldat brauchte nur ein Bett, kein ganzes Zimmer.

Also, der Soldat gehörte zur Familie. Er aß mit uns und am Abend spielte er mit uns Kindern Mensch-ärgere-dich-nicht, Schwarzer Peter oder auch Mühle.

In diesem Winter hatte es viel geschneit. Da gingen wir auch manchmal nach draußen und machten eine Schneeballschlacht oder legten uns in den Schnee um Schneebilder zu machen. Aber das ging auch nur, wenn es mondhell war. Ansonsten war es draußen viel zu dunkel. Die Straßenlaternen durften nur ganz schwach brennen und in den Häusern mussten alle Fenster verdunkelt werden. Wenn irgendwo ein Lichtschein nach draußen fiel, kam gleich der Luftschutzwart und sagte Bescheid. In jeder Straße wohnte ein Luftschutzwart. Wenn jemand die Fenster des Öfteren erhellt hatte, kam er in den Verdacht, den feindlichen Flugzeugen, die nachts unsere Stadt überflogen, einen Anhaltspunkt zum Bombardieren zu geben.

Im ersten Kriegsjahr hatten wir selten Fliegeralarm. Eigentlich war alles ganz ruhig. Die Leute sagten: „Das ist die Ruhe vor dem großen Sturm." Und so war es auch.

Dann kam der Frühling 1940.

Die Soldaten wurden unruhig. Auf einmal hieß es: „Wir rücken ab, schnell alles packen!" Dann am 10. Mai begann ohne Kriegserklärung der Angriff gegen die Niederlande, Belgien und Luxemburg. Wir erfuhren es durch das Radio.

Gleich am selben Tag kamen schon die ersten holländischen Kriegsgefangenen über die Blücherstraße. Sie wurden in das Stadtwaldlager gebracht. Wir liefen alle zur Straße um zu gucken. Unsere Mütter kamen, um uns dort wegzuholen. Da wir meistens in der Nähe der Blücherstraße spielten, sahen wir immer, wenn wieder Gefangene kamen.

20

Bei dem ersten Trupp waren auch einige holländische Gemüsehändler, die sonst bei uns auf dem Wochenmarkt Gemüse verkauft hatten. Sie sahen das Ganze noch nicht so ernst und riefen einigen Frauen, die an der Straße standen, zu: „Nächste Woche sind wir wieder auf dem Markt!"

Aber leider kam es nicht so. Sie mussten viele Jahre in deutscher Gefangenschaft bleiben und in den Fabriken arbeiten.

Andere Holländer, die nicht Soldat waren, wurden nach Deutschland dienstverpflichtet, d. h. sie mussten jeden Tag nach Deutschland fahren und dort in den Fabriken arbeiten. Die aus dem Grenzgebiet fuhren mit dem Fahrrad, andere wurden mit Bussen abgeholt.

Neben Papa in der Fabrik arbeitete auch so ein Mann. Er hatte ganz wenig zu essen, denn in den Niederlanden, die ja von unseren Soldaten besetzt waren, waren die Lebensmittel ganz knapp. Papa brachte ihn oft zum Mittagessen mit nach Hause oder gab ihm im Betrieb ein Paket Butterbrote. Aber das musste alles ganz heimlich geschehen. Es war nämlich verboten Feinde zu unterstützen. Und in der Fabrik gab es auch Deutsche, die ihre Mitarbeiter genau beobachteten. Also, wenn Geert mit zu uns fuhr, musste er immer ein Stück hinter meinem Vater bleiben, damit die anderen nicht merkten, dass er in der Mittagspause mit zu uns fuhr. Wenn Papa ihm Brote mitbrachte, legte er sie in eine

Garnkiste und Gerd nahm sie dann heraus.
Das musste alles ganz heimlich geschehen.
In Deutschland hatten wir auch
Lebensmittelkarten, Brotmarken und
Kleiderkarten bekommen. Mit den
Lebensmittelkarten kamen wir gut zurecht,
Fleisch hatten die meisten Familien genug,
da fast alle Familien, die ein Haus und einen
Garten hatten, auch ein oder zwei Schweine
im Stall hatten. Wir haben auch jedes Jahr
zwei Schweine geschlachtet.

So ein Schlachttag war eine anstrengende
Sache. Am frühen Morgen ging es schon los.
Das Schwein musste zum Schlachthof
gebracht werden. Dazu benutzte man eine
zweirädrige Karre, auf der ein käfigartiger
Aufbau aus Brettern war. Das Schwein erst
mal da hinein zu bekommen, war nicht so
einfach. Dann musste der Karren von zwei
Leuten zum Schlachthof gefahren werden.
Das war ein ganz schön langer Weg, denn der
Schlachthof lag am anderen Ende der Stadt.
Auf dem Rückweg wurde das Schwein,
welches in zwei Hälften geteilt worden war,
oben auf den Karren gelegt und wieder nach
Hause gebracht. Dann ging das Wursten und
Fleischeinkochen los.
Eine Wurstfrau kam und nahm alles in ihre
Hand. Die Stücke, die zum Braten und
Kochen vorgesehen waren, wurden in Gläser
eingekocht. Das Fleisch für die Mettwurst
wurde durch den Fleischwolf gedreht.

Blutwurst und Leberwurst, alles wurde in unserer Küche gemacht.
Zuletzt wurden Blutkuchen und Panhas gemacht. Was gekocht werden musste, kam im Keller in den großen Manteltopf.
Einen Tag waren Mama und die Wurstfrau damit beschäftigt. Wenn alles fertig war, fing unsere Mutter an, allen Nachbarn, die uns das ganze Jahr über Kartoffelschalen und Küchenabfälle für die Schweine zum Fressen gebracht hatten, zu beschenken. Jede Familie bekam einen sogenannten Potthasten. Der bestand aus einem Stück Panhas, einem Stück Blutkuchen, einer Mettwurst und einem Stück Speck.
Mama war immer ziemlich großzügig im Verteilen.

Mit den Kleiderkarten auszukommen, war schon schwieriger. Die ältesten Kinder brauchten ja die meisten Kleidungsstücke, weil die Sachen zu klein wurden. Die Kleinen mussten die Sachen von den großen Geschwistern nachtragen, So wurden die Karten der Kleinen für die Großen gebraucht. Es wurde kein Kleidungsstück weggeworfen. Jedes Stückchen Stoff wurde verwertet. Aus zwei alten Kleidern wurde ein neues genäht. Als ich 12 Jahre alt war, war ich genau so groß wie meine Schwester mit 14 Jahren. Aber jetzt fehlte mir ein Wintermantel. Wir hatten noch eine alte Pferdedecke im Keller, die war hässlich grau. Ich brachte sie in die Färberei und ließ sie dort dunkelblau färben. Meine Kusine, die gut schneidern konnte, schnitt mir aus der Decke einen Mantel und zeigte mir, wie man ihn zusammennähte, denn mit der Nähmaschine konnte ich schon gut umgehen. An anderen Tag fing ich gleich mit der Arbeit an. Mama half mir ein bisschen beim Anprobieren. Aber für den Kragen hatten wir keinen Stoff mehr übrig gehalten. Frau Ingenhorst, unsere Nachbarin, schenkte mir ein kleines Stück schwarzes Kaninchenfell. Daraus machte ich mir ein kleines Stehbördchen und nähte es mit der Hand auf meinen neuen Mantel. Jetzt brauchte ich nur noch einen Gürtel. Aber man konnte keinen kaufen. Mama gab mir einen Ledergürtel aus Heiners Hose. Heiner war Soldat und er brauchte den Gürtel jetzt nicht.

Bis zu meiner Schulentlassung habe ich diesen Mantel getragen. Alle meine Freundinnen fanden, dass der Mantel ganz schön geworden wäre, und da war ich ganz stolz.

Nach einiger Zeit bekam ich dann auf der Kleiderkarte einen Sonntagsmantel, den haben wir nach vier Jahren, als er total verschossen war, auseinander getrennt. Die linke Seite wurde nach außen gedreht und alles wieder zusammengenäht. Jetzt hatte ich fast einen neuen Mantel. Ich habe ihn bis zu meinem 20. Lebensjahr getragen. Erst vier Jahre nach dem Krieg nähte meine Schwester Irmgard einen neuen Mantel für mich. Die ersten Jahre nach dem Krieg konnte man auch fast nichts kaufen. Erst als die neue Währung kam, wurde es besser.

Ich schreibe dies für meine Enkelkinder auf. Sie können sich sicher nicht vorstellen, mit wie wenig Dingen wir in unserer Kinderzeit und Jugend auskommen mussten.

Aber nun wieder zurück zum Stadtwaldlager. Dort war jetzt so allerhand los. Jede Menge Offiziere und Soldaten waren dort untergebracht worden und auch ganz, ganz viele Gefangene. Die Gefangenen kamen aus Holland, Belgien, Frankreich, Polen und später aus Jugoslawien und Russland. Die Gefangenen, die zuerst im Lager waren, wurden in die Stadt zum Arbeiten gebracht. Wenn die Chefs nicht gerade Nazis waren, wurden die Gefangenen noch gut behandelt. Bei der Familie Jansen, bei der ich als Kindermädchen war und die eine Brotfabrik hatte, waren auch immer einige Gefangene beschäftigt. Sie aßen mit uns am Tisch und bekamen genau dasselbe wie wir. Jan, ein Pole, war drei Jahre dort. Nach dem Abendessen wurde er wieder in das Stadtwaldlager gebracht. Später haben auch noch andere Gefangene dort gearbeitet. Sie wurden alle gut behandelt und bekamen immer genug zu essen. Sie bekamen sogar abends noch etwas mit.

Zu Jansens bin ich gerne gegangen. Zuerst habe ich auf zwei Kinder aufgepasst, später auf drei. Es waren drei Jungen. Drei Jahre lang bin ich dreimal am Tag hin und zurück den Weg zur Langenbergstraße gegangen.

Morgens ging ich zur Langenbergschule, mittags wieder nach Hause, dann ging ich zu Jansens, die Kinder holen und wieder zurück zum Yorkplatz. In unserem Garten spielten wir dann auch mit meinen kleinen Brüdern. Abends brachte ich die Kinder nach Hause, half noch mit, sie ins Bett zu bringen und musste dann selbst wieder nach Hause. Vor 7.30 Uhr war ich nie zu Hause. Dann machte ich noch meine Hausaufgaben.

Von Jansens hatten wir viele Vorteile. Wir hatten zum Beispiel immer genug Brot. Jeden Tag bekam ich ein Graubrot mit und für mich und die Kinder Brötchen. Am Samstag bekam ich ein großes Weißbrot und ein großes Schwarzbrot. Das Brot versteckten wir im Kinderwagen. Das Kind saß dann zwischen den Broten eingepackt. Darüber kam dann eine Decke.

Dem Bäcker war es nämlich nicht erlaubt, auch nur ein Brot ohne Brotmarken abzugeben. Manch ein Nachbar, der mit seinen Brotmarken nicht auskam, hat von uns welche abbekommen, weil wir unsere Marken ja nicht alle brauchten.

In den Ferien war ich sogar den ganzen Tag bei Jansens. Dann spazierte ich am Vormittag mit den Kindern durch die Weberstraße am alten Krankenhaus vorbei zum Langenbergpark. Dort spielten wir bis kurz vor Mittag. Dann ging ich noch zum Wochenmarkt und kaufte mir für 5 Pfennige ein Pfund Tomaten. Vor Marktschluss waren sie immer ganz billig. Damals habe ich jede Menge dieser roten Früchte vertilgt. Es war ein Ersatz für Süßigkeiten, die man kaum noch kaufen konnte.

Manchmal ging ich auch für Jansens einkaufen oder zur Sparkasse. Einmal gab mir der Opa 3000 Mark, die ich zur Sparkasse bringen sollte. Es war mir ein bisschen unheimlich und ich wollte nicht hingehen. Aber Opa Jansen machte mir Mut: „Es weiß doch keiner, dass du das Geld bei dir hast. Du musst die Tasche gut festhalten und nirgendwo stehen bleiben."

Also brachte ich das erste Geld zur Commerzbank.

Der Opa war überhaupt ein netter Mann. Er hatte ein Pferd und einen Kutschwagen. Wenn das Pferd nicht gerade einen Brotwagen ziehen musste, wurde es vom Opa vor die Kutsche gespannt und er fuhr mit den Kindern und mir an einem schönen Tag spazieren.

So lernte ich die Umgebung von Bocholt kennen. Einmal fuhren wir über Biemenhorst und Büngern nach Krechting zum alten Schloss. Das Schloss hatte eine ziemlich große Kapelle. Der Opa wollte uns die schaurig schön bemalten Wände in der Kapelle zeigen. Ja, so nannte er die Wandbilder: „Schaurig schön."

In diese Kapelle bin ich Jahre später- nach dem Krieg -, als ich bei einem Bauern arbeitete, jeden Sonntag in die Messe gegangen. Aber damals hätte ich nie daran gedacht, dass mir diese Kapelle so vertraut werden würde.

Manchmal fuhren wir auch zum Burloer Weg und besuchten Frau Anna Lindenberg. Sie hatte dort ein schönes Haus und einen großen Garten, es war fast schon ein Park. Der alte Herr trank mit Frau Lindenberg Kaffee und wir bekamen Kuchen und Milch. Dann spielte ich mit den Kindern in dem großen Garten. Es waren immer tolle Nachmittage.

Wenn ich in den Ferien ganze Tage bei Jansens war, half ich in der Mittagsstunde, wenn die Kinder schliefen, beim Brotmarkeneinkleben. Für jedes Brot, das verkauft wurde, mussten je nach Gewicht Brotmarken abgegeben werden. Es gab Marken zu je 250 Gramm, 500 Gramm oder 1000 Gramm. Alle mussten auf gesonderten Bögen aufgeklebt werden. Von dem Klebstoff wurden die Bögen ganz krumm. Mit einem warmen Bügeleisen strichen wir die Bögen so glatt wie möglich. Klärchen, die Nichte, die bei Jansens wohnte, brachte alle Bögen zur Sammelstelle.

In den drei Jahren, in denen ich jeden Nachmittag beschäftigt war, hatte ich immer eine Ausrede, wenn man mich für den Bund Deutscher Mädchen anwerben wollte.
Meine Eltern wollten von Hitler und der Hitlerjugend nichts wissen, durften es aber nicht verlauten lassen. Meine Mutter sagte immer: „Nein, meine Tochter Maria ist bei mir im Pflichtjahr. Ich habe als kinderreiche Mutter so viel Arbeit, dass ich sie nicht entbehren kann." – kinderreiche Mütter waren bei den Nazis sehr angesehen – „und meine Tochter Anneliese ist jeden Tag damit beschäftigt, die Kinder der Familie Jansen zu hüten. Die Bäckerfamilie backt jeden Tag 1000 Kommissbrote fürs Militär und jede Menge Brot für die Bevölkerung."
Dann ließ man uns wieder für eine Weile in Ruhe. Aber immer konnten wir uns nicht davor drücken, dem BDM beizutreten.

Unterdessen ging der Krieg weiter.
Mein Bruder Werner wurde zum Arbeitsdienst eingezogen. Ins Arbeitslager kamen alle jungen Männer, bevor sie Soldat werden mussten. Werner war in Münster-Hornheide. Er war etwa ein halbes Jahr dort, dann wurde er Soldat. Es war so leer in unserem Haus, als beide Brüder fort waren. Aber bald bekamen wir schon wieder Einquartierung. Zwei Soldaten bewohnten jetzt das Zimmer der Brüder. Da das Stadtwaldlager für alle Soldaten, die nach

Bocholt kamen, nicht ausreichte, mussten fast alle Familien Soldaten aufnehmen.

Jetzt hatten wir auch schon in vielen Nächten Fliegeralarm. Wenn die Sirenen heulten, stand meist nur einer aus der Familie auf, öffnete das Fenster und lauschte auf das Geräusch der Motoren. Man konnte genau unterscheiden, ob die Flugzeuge ein- oder ausflogen. Unsere Nachbarin hatte ein ganz besonderes Gehör dafür. Sie konnte manchmal sagen, welche Stadt angeflogen wurde. Jedenfalls flogen die Bomber immer ins Ruhrgebiet. Wenn der Motorenlärm zu groß wurde, mussten wir die Kleinen wecken und in den Keller tragen. Eigentlich waren wir ja auch noch Kinder, aber wir mussten mit 13 / 14 Jahren schon erwachsen sein. Wir fühlten uns immer für die Geschwister verantwortlich. In manchen Nächten hatten wir vier Mal Alarm. Wenn wir mehr als zwei Stunden im Keller waren, brauchten wir am anderen Morgen erst um 10 Uhr zur Schule.
Aber gelernt haben wir trotzdem eine ganze Menge. In der Langenbergschule waren die Lehrerinnen alle sehr nett. Jedenfalls hielten sie nicht viel von Hitler. Allerdings mussten sie den vorgeschriebenen Lehrstoff mit uns durchnehmen. So mussten wir alles über Adolf Hitler lernen. Sein Geburtstag wurde jedes Jahr gefeiert. Wir mussten Gedichte aufsagen und Hitler-Jugend-Lieder singen und wir bekamen keine Hausaufgaben auf.

Ich weiß noch ein Gedicht, welches wir mit viel Begeisterung aufsagen mussten:

So gelte denn wieder Urväter Sitte,
es steigt der Führer aus Volkes Mitte.
Sie kannten vor Zeiten nicht Krone noch Thron.
Es führte die Männer ihr tüchtigster Sohn.
Der Freie, die Freie, nur eigene Tat
Gab ihm die Weihe und Gottes Gnad`
So gab ihm sein Wirken Würde und Stand,
wer vor dem Herrn herzog,
ward Herzog genannt.
Herzog des Reiches, wie wir es meinen
Bist du schon lange im Herzen der Deinen.

Ich weiß nicht, ob es so ganz richtig ist, jedenfalls habe ich diese Zeilen behalten. Natürlich mussten wir jeden Tag die Zeitung lesen, Nachrichten hören und über alles, was im Krieg passierte, unterrichtet sein. Jeden Tag hatten wir eine Stunde Zeitgeschehen, so hieß das Unterrichtsfach. Aber dann hatten wir ganz normalen Schulunterricht.
Am liebsten war mir die Geschichtsstunde. Frau Osthof hatte es mit den Jahreszahlen. Wer genaue Daten über verschiedene Ereignisse in der Vergangenheit wusste, bekam eine Eins. Bei ihr hatten wir auch Deutsch und Rechnen. Sie war sehr streng, aber auch gerecht. Wir haben sehr viel von ihr gelernt.

Am Ende des sechsten Schuljahres starb sie. Die ganze Klasse ging mit zur Beerdigung. Es war das erste Mal, dass ich bei einem Begräbnis dabei war. Jetzt hatten wir abwechselnd alle anderen Lehrpersonen.
In Musik hatten wir das lahme Hannecken. Eigentlich hieß sie Fräulein Feldberg. Aber keiner nannte sie so. Sie spielte hingebungsvoll auf der Geige und sang mit uns das Lied „Das Wandern ist des Müllers Lust". Dauernd mussten wir „o wandern, o wandern" sprechen, keiner machte es gut genug. Das W sprachen wir nicht richtig. Immer wieder mussten wir es noch mal machen: W W W. Wir hielten uns schon den Bauch fest und durften nicht lachen.
Das lahme Hannecken war ein richtiges Original. Sie trug immer lange schwarze Kleider bis auf den Boden. Nicht einmal ihre Schuhe waren zu sehen. Nur wenn sie sich mal auf die erste Bank setzte, sah man einen hohen schwarzen Schnürstiefel, der damals total unmodern war.
Einmal sah jemand, dass sie eine kleine Stütze an dem kürzeren Bein hatte. „Ach Gott", erzählte man sich in der großen Pause, „ dat lahme Hannecken hat drei Beine."

Mit mir und meiner Freundin Anni gingen noch einige Mädchen aus unserem Wohnviertel zur Langenbergschule. Es war ein langer Schulweg, aber wir bekamen auch manchen Spaß miteinander, überhaupt im

Winter, wenn Schnee lag oder Glatteis den Weg zur Rutschpartie machte. Dann kamen wir schon mal zu spät in die Schule. Gummistiefel hatten wir nicht. Es gab halbe Gummischuhe, die man über die Lederschuhe zog, weil die Lederschuhe ja nicht wasserdicht waren.

Viele Kinder gingen auch mit Holzschuhen zur Schule, da bekamen sie auch keine nassen Füße. Aber weil wir uns dauernd in den Schnee stießen, waren unsere Strümpfe und Mäntel ziemlich nass, wenn wir in der Schule ankamen. Lange Hosen durften wir in der Schule nicht anziehen, das war für Mädchen verboten.
Zu Weihnachten hatten Irmgard und ich Trainingsanzüge bekommen, die durften wir in der Turnstunde anziehen. Aber die Hosen haben wir dann im Winter auch in den anderen Unterrichtsstunden angehabt. Wir mussten aber einen Rock darüber ziehen. Das sah zwar nicht so schön aus, aber wir hatten jetzt warme Beine.
Drei Jahre blieben wir an der Langenbergschule, dann kamen wir wieder zurück an unsere alte Schule. Da waren wir mit der 7. Klasse zusammen. Das war damals so, 5. und 6. Klasse und 7. und 8. Klasse wurden immer zusammen unterrichtet.

Jetzt, wo wir in der letzten Klasse waren, kam eine Berufsberaterin vom Arbeitsamt zu uns, um uns nach unseren Berufswünschen zu fragen und uns zu beraten. Ich wollte gerne Kinderkrankenschwester werden. Aber meine Eltern waren damit nicht einverstanden. Damals soll es so gewesen sein, dass jemand, der ein Staatsexamen ablegen wollte, aus der Kirche ausgetreten sein musste, um das Examen überhaupt bestehen zu können. Weil dies aber für keinen von uns in Frage kam, musste ich diesen Beruf abschreiben.

Da ich ja nach der Schule noch ein Pflichtjahr machen musste, machte ich mir keine großen Sorgen um meinen späteren Beruf.

Das Pflichtjahr mussten alle Mädchen machen, entweder bei einem Bauern oder bei einer kinderreichen Familie. Dann gab es noch das Landjahrlager. Da wohnten dann 60 – 100 Mädchen in einem großen Haus zusammen. Tagsüber gingen sie auf die im Umkreis liegenden Bauernhöfe, um dort zu arbeiten.

Im Haus Tenking an der Straße von Bocholt nach Rhede war auch so ein Landjahrlager. Einmal haben wir das Lager an einem Sonntag besucht. Die Mädchen trugen alle die gleichen Kleider. Während des Pflichtjahres bzw. des Landjahrlagers mussten alle ohne Entgelt arbeiten.

Kurz vor der Schulentlassung wurde meiner Freundin und mir in der Schule mitgeteilt, dass wir beide ausgesucht worden wären, in eine Lehrerinnen-Bildungsanstalt in

Kattowitz in Oberschlesien zu Lehrerinnen ausgebildet zu werden. Es schien schon eine von der Schulleitung beschlossene Sache zu sein. Das war vielleicht ein Schrecken für mich und meine Eltern. Man konnte nicht einfach sagen: „Das mache ich nicht." Nun sollte ich noch zu Hause das Pflichtjahr machen, genau wie meine Schwester schon vor mir. Also ging Mama zum Arzt und ließ sich ein Attest ausstellen. Da sie ja tatsächlich kränklich war und dazu noch eine kinderreiche Mutter, brauchte sie unbedingt Hilfe im Haushalt.

Die Schulleitung hatte ein Einsehen und strich mich von der Liste. Wäre ich nach Kattowitz gegangen, hätte ich bei Kriegsende einen weiten Weg nach Hause gehabt. Vielleicht hätte ich es gar nicht überlebt.
Die Eltern meiner Freundin wollten auch nicht, dass Anni nach Kattowitz kam. Sie ging zwar in eine Lehrerinnen-Bildungsanstalt, aber sie kam nach Ankum bei Osnabrück. Sie ist auch keine Lehrerin geworden. Denn als die Engländer einmarschierten, wurde das Lager geschlossen und die Mädchen versuchten, bei Bauern in der Nähe Unterschlupf zu finden. Nach Hause konnten alle nicht fahren.
Annis Vater fuhr mit dem Fahrrad nach Ankum. Mit dem Zug konnte man nicht fahren. Anni bekam ein altes Fahrrad von

dem Bauern, damit sie mit ihrem Vater
zurück nach Hause fahren konnte.

Am 27. März 1943 wurde ich aus der Schule
entlassen.
Mein Abschlusszeugnis war gut. Auf dem
Arbeitsamt sagte man mir, dass ich mit dem
Zeugnis eine gute Bürostelle bekommen
könnte. Aber ich wollte nicht in einem Büro
sitzen. Da ich schon keine
Kinderkrankenschwester werden durfte, hatte
ich noch keine weiteren Pläne gefasst. Zuerst
blieb ich ja noch ein Jahr zu Hause im
Pflichtjahr.

Auf unserer Abschlussfeier hatten wir uns alle
fein gemacht. Wir waren 14 bzw. 15 Jahre alt-
alle ein bisschen zu dick. Unsere Kleider
leuchteten in allen Farben. Es gab keine
direkte Modefarbe. Jeder hatte den Stoff
genommen, den er gerade noch auftreiben
konnte, Wir sahen aus wie schöne bunte
Ostereier. Mein Kleid war kräftig grün,
daneben dann blaue, rote oder gelbe und
orangefarbene Kleider. Wir fanden uns alle
todschick. Wir befanden uns im vierten
Kriegsjahr.

Jetzt übernahm Irmgard, meine jüngere
Schwester, die Kinderbetreuung beim Bäcker
Jansen und ich half im sogenannten
Pflichtjahr den ganzen Tag lang meiner
Mutter.

Nach ein paar Wochen meldete ich mich bei den Schwestern Unserer Lieben Frau an, um das Nähen zu erlernen.

Auf der Nähmaschine konnte ich schon nähen, und da durfte ich gleich mit einem Kittel für Maria anfangen. Eine Schwester schnitt den Kittel zu und steckte ihn zusammen. Jetzt konnte ich gleich mit dem Zusammennähen beginnen.

Maria hatte eine Lehrstelle in einem Schuhgeschäft. Dort mussten alle Verkäuferinnen schwarze Kittel mit einem weißen Kragen tragen. Dieser Kittel war meine erste Arbeit in der Nähschule.

Ich weiß nicht mehr, wie viele Teile ich im Laufe des Jahres genäht habe. Für meine kleinen Brüder nähte ich Kapuzenmäntel. Den Stoff hatten wir von jemandem geschenkt bekommen. Er war hässlich grau. Von einem Rest karierten Stoffes nähte ich Futter in die Kapuzen. Da sahen sie schon etwas freundlicher aus.

Das Einzige, was man kaufen konnte, waren Knöpfe. Die bekam ich bei Aloys Pottmeyer in der Osterstraße. Das war ein uraltes Geschäft mit einer breiten hölzernen Treppe mitten im Laden. Die Treppe sah wunderschön aus. Leider fiel auch dieses Geschäft den Bomben zum Opfer.

Einmal, als ich auf dem Weg zur Nähschule war, sah ich auf der Bismarckstraße einen Soldaten vom Bahnhof kommen. Ich blieb

stehen um zu sehen, wer es war. Als er näher kam, konnte ich es kaum fassen, was ich sah: es war mein Bruder Werner! Wir haben uns beide so gefreut.
Er kam aus Russland. Jetzt ging ich mit ihm nach Hause. Zu Hause waren alle vor Freude ganz stumm. Es kam so selten vor, dass einer von unseren Brüdern zu Hause war. Wir lebten in ständiger Angst um sie. Denn so viele junge Männer aus unserer Pfarrgemeinde waren schon „auf dem Felde der Ehre" gefallen. So wurde der Tod fürs Vaterland genannt.

Werner kam direkt von der Front.

Alle seine Sachen brachte Mama in die Waschküche. Kochwäsche kam direkt in den Manteltopf. Waschmaschinen hatten die wenigsten Familien. Die anderen Sachen wurden in die Reinigung gebracht.
Alle Vorsichtsmaßnahmen nützten nicht viel, denn einige von der Front mitgebrachten Filzläuse überlebten trotzdem. Wenn der Urlauber wieder zu seiner Einheit zurückgekehrt war, hatten die Angehörigen noch lange mit diesen Tierchen zu kämpfen. Obwohl es allen so erging, sprach keiner darüber. Aber manchmal verplapperte sich jemand. Werner musste nach zwei Wochen wieder an die Front zurück. Das war im Sommer 1943.
Es war ein trauriger Abschied.

Der Krieg wurde immer schlimmer für uns.
Wir hatten jetzt sehr oft Alarm, auch am Tage.
Am Schlimmsten war es, wenn die Bomber aus dem Ruhrgebiet zurückkamen. Die Bomben, die sich dann noch in den Flugzeugen befanden, wurden auf dem Rückflug abgeworfen. So wurden auch in unserer Stadt einige Häuser zerstört.
Eigentlich hatte ich nie so große Angst. Papa war der ruhende Pol in unserer Familie. Er spielte auch bei Fliegeralarm noch auf seiner Zither. So leicht konnte ihn nichts aus der Ruhe bringen.
Vielleicht war es ja auch nur Tarnung, um uns Kinder nicht unnötig zu belasten. Nur wenn es ganz brenzlig wurde, ging er mit uns in den Keller. Wir Kinder hatten immer die Vorstellung, uns könne nichts passieren, solange nur Papa bei uns war.
Mama hatte sehr viel Angst und betete im Keller mit uns. Unsere Nachbarin kam mit ihren beiden Söhnen zu uns in den Keller. Die Jungen waren genau so alt wie meine Brüder. Die vier kamen zusammen in ein großes Bett, welches im Keller stand. Sie bleiben meist nicht lange ruhig und fingen an zu toben. Doch statt zu schimpfen, fing Mama an den Rosenkranz zu beten, dabei schliefen sie ein. Das große alte Bett nannten wir unseren Kahn. Unser Keller war mit Holzpfählen abgestützt. Wenn wirklich eine Bombe auf unser Haus gefallen wäre, wäre es wie ein Kartenhaus

zusammengestürzt. Der Keller war nur ein Schutz vor herumfliegenden Splittern.

Da wir in einem Reihenhaus wohnten, hatten die Bewohner die Kellerwände von einem Haus zum anderen durchgeschlagen und dann die Löcher, die so groß waren, dass bequem eine Person durchkriechen konnte, wieder mit einem halben Stein leicht verschlossen. Bei Gefahr konnte die Wand leicht durchbrochen werden und man konnte von einem Haus ins andere gelangen.

Wenn dann Entwarnung gegeben wurde – mit einem langgezogenen Sirenenton – liefen wir alle schnell nach oben, um in unsere Betten zu kriechen. Manchmal blieb auch einer im alten Kahn liegen, weil er so fest schlief und wir ihn nicht hinauftragen konnten. Am anderen Morgen ging alles seinen gewohnten Gang. Wir kannten es schon gar nicht anders.

Jeden Tag kamen Gefangene über die Blücherstraße. Sie wurden alle ins Gefangenenlager im Stadtwald gebracht. Es waren traurige ausgemergelte Gestalten. Je länger der Krieg dauerte, desto schlimmer sahen die Männer aus. Die Frauen, die in der Straße wohnten und jeden Tag dieses Elend mit ansehen mussten, versuchten den Leuten Wasser, Saft oder Milch zum Trinken zu geben. Manche Bewacher ließen es zu, andere schlugen ihnen die Becher aus der Hand und schimpften.

Auch von unseren Soldaten wurden schon viele vermisst. Entweder waren sie tot oder auch gefangen. Jeden Morgen waren viele Todesanzeigen in der Zeitung. Jeden Morgen gab es Totenmessen. Maria und ich sangen in der Choralgruppe. Vor der Schule haben wir schon mit der Gruppe in den Messen gesungen. Georg Ritter, so alt wie ich, spielte die Orgel. Alte Männer dienten in der Messe. Junge Männer sah man kaum noch, außer in Soldatenuniformen. Selbst die 16- und 17-jährigen wurden schon eingezogen.

Mama war froh, dass wir keine Jungen waren, denn dann hätten wir auch bald Soldat werden müssen.
Georg, unser Orgelspieler, musste auch fort, als er gerade 16 Jahre alt war. Man hat nie mehr etwas von ihm gehört. Er ist einfach vermisst.
Er war so begabt. Was hätte noch aus ihm werden können!

Als ich zu Haus im Pflichtjahr war, wurde ich wieder aufgefordert, dem Bund Deutscher Jugend beizutreten. Da ich mich schon so lange geweigert hatte, blieb mir nun keine Wahl mehr. Also ging ich ein paar Mal in so eine Gruppenstunde.
Die Gruppenstunde fand im Haus der Jugend statt, das befand sich in der Bahnhofstraße, seitlich des jetzigen Arbeitsamtes. Es war eine alte jüdische Villa, die sich die Nazis

angeeignet hatten. Wer eine BDM-Uniform hatte, musste sie zur Gruppenstunde anziehen. Wer keine hatte, konnte auch so kommen.

An einem Samstagnachmittag war ein Marsch durch die Stadt angesagt, aus welchem Anlass, daran kann ich mich nicht mehr erinnern. Mit Musik und Fahnen ging es los. Leider regnete es in Strömen. Einige Mädchen spannten ihre Regenschirme auf. Das war verboten.

Auch Gretel hinter mir hatte ihren Schirm aufgespannt. Die Führerin wurde wütend und schrie: „Nimm das Ding runter!". Da lief Gretel einfach aus der Reihe und verschwand. Die deutsche Jugend sollte hart sein wie Kruppstahl, daran sollten wir uns halten.

Jetzt sollte ich den Namen der Fahnenflüchtigen angeben, das tat ich aber nicht. Da musste ich meinen Namen sagen. Das Ende vom Lied war, dass ich eine Vorladung bekam. Zu einem bestimmten Zeitpunkt musste ich mich im Haus der Jugend melden. Das war eine Aufregung im Haus! „Was hast du wieder angestellt?" Ich hatte nichts angestellt und fühlte mich nicht schuldig. Als ich Mama die Sache erklärt hatte, gingen wir beide zum Haus der Jugend. Dort saß die besagte Führerin hinter einem mächtigen Schreibtisch. Mama erklärte ihr: „Wenn ich als kinderreiche Mutter schon meine Tochter während der Arbeitszeit mitmarschieren lasse, so braucht sie doch nicht aufzupassen, ob andere Kinder auch mitmarschieren."

Mama war klug und wortgewandt und sehr diplomatisch. Kinderreiche Mütter wurden im Dritten Reich sehr wichtig genommen.
Jedenfalls, nach einer etwas längeren Debatte, strich die Führerin meinen Namen von der Liste und wir konnten nach Hause gehen. Es hätte auch anders kommen können.

Gretel, die mir diese Geschichte eingebrockt hatte, ist 1945 bei einem Bombenangriff ums Leben gekommen, wie auch ihre Eltern und ihre beiden Brüder. Sie sind in Rhedebrügge, wohin sie aus Angst vor einem Angriff auf unsere Stadt geflohen waren, umgekommen. Ihr Haus in der Yorkstraße ist heil geblieben.

Als ich das Pflichtjahr zu Haus abgeleistet hatte, ging ich zum Nähkasten in die Lehre. Ich tat es ziemlich ungern, aber das, was ich werden wollte, wurde mir nicht erlaubt.
Am 1. April fingen alle Lehrlinge an. Das war ein schlimmer Tag. Alle Lehrlinge wurden in den April geschickt.
Ich sollte für 20 Pfennige Strom bei Oskar Becher einkaufen und ein Döschen Stecknadelsamen. Heute würde sich ein Jugendlicher darüber tot lachen, aber damals habe ich ganz vorsichtig gesagt, dass es so etwas doch gar nicht gab.
Die Lehre empfand ich als sehr langweilig. Die Fächer musste ich staubwischen, den Boden staubsaugen und wischen. Die wenigen Mäntel und Kleider, die auf den Ständern

hingen, musste ich immer wieder nach Größen sortieren. Stundenlang mussten wir Lehrmädchen Laufmaschen aufnehmen. Neue Strümpfe konnte man selten kaufen. Und da Seidenstrümpfe ständig Laufmaschen bekamen, wurden diese mit einer Maschine aufgenommen. Die Frauen wollten die Strümpfe möglichst schnell wieder abholen. Dann waren da noch Knöpfe oder Kragen ohne Punkte zu verkaufen, auch ein wenig Stickgarn oder Strickwolle. Alle anderen Textilien gab es nur auf Kleiderkarte.
Die ganze Sache war mir sehr zuwider.
Es gab keine andere Möglichkeit Arbeit zu finden, bei der man von den Nazis unbehelligt blieb, höchstens eine Arbeit in der Fabrik.

Es war Krieg, wir durften über gar nichts meckern. Jeder schwieg und harrte der Dinge, die da kommen würden.

Einmal kam uns ein Vetter aus Suderwick besuchen. Er hatte Heimaturlaub und erzählte uns, dass er mit einem großen Flugzeug nach Kreta geflogen wäre. Er war nämlich Flugkapitän in dieser großen Maschine. Aus dem Flugzeug mussten viele Fallschirmspringer auf Kreta landen und dort kämpfen. Als er zurückkam, durfte er in den Urlaub fahren.
Wir hörten alle ganz gebannt zu.

Im Sommer 1944 schrieb dann mein Bruder Heiner, dass seine Einheit in Celle wäre. Loni, seine Freundin, könnte ihn dort besuchen. Allein wollte sie nicht fahren. Sie fragte Mama, ob ich mitfahren dürfte. Mama hatte nichts dagegen und Urlaub bekam ich auch. Es war nicht ganz ungefährlich. Fahrende Züge wurden oft von Tieffliegern beschossen. Aber schließlich waren wir zu Hause auch nicht sicher. Als wir in Celle ankamen, war Heiner mit seiner Flugzeugstaffel schon wieder an einen anderen Ort verlegt worden. Heiner war in Graz zum Flugzeugführer ausgebildet worden. Er flog einen Messerschmidt-Jäger. Und jetzt waren alle von Celle nach Buxtehude bei Hamburg verlegt worden.
Nun standen wir in einer fremden Stadt, ohne Nachtquartier. Jemand empfahl uns ein Haus, das einer alten Dame gehörte, die manchmal Zimmer vermietete. Es war ein wunderschönes altes Patrizierhaus mit Fachwerk und vorspringenden Stockwerken.
Die ganze Straße bestand aus so schönen Häusern. Aber wir waren zu aufgeregt, um uns an diesen schönen Häusern zu erfreuen. Also klingelten wir und eine sehr, sehr alte freundliche Frau öffnete uns die Tür und bat uns herein. Sie zeigte uns ein Zimmer, in dem wir schlafen konnten, dann kochte sie uns Kaffee. Wir ließen unsere Reisetaschen in dem Zimmer und gingen zum Bahnhof. Wir erkundigten uns, wie man am anderen Tag nach Buxtehude kommen könnte.

Wir hatten Glück, denn wir konnten am nächsten Morgen fahren. Wir kauften auch gleich die Fahrkarten und gingen zurück in unser Quartier. Wir waren total müde und freuten uns aufs Bett.

Die Betten waren scheinbar lange nicht bezogen worden. Die Bezüge waren schmutzig. Aber was sollten wir machen? Am anderen Morgen waren Lonis schöne Lederhandschuhe weg und noch einige Sachen, die wir an der Flurgarderobe hängen gelassen hatten.
Die alte Dame konnte uns auch nicht weiterhelfen, als wir nach den Sachen fragten. Sie kannte gar nicht alle Leute, die in ihrem Haus übernachteten. Sie sagte wohl, dass viele Studenten und Schüler in ihrem Haus wohnten, aber diese brächten auch Freunde und Bekannte mit.
Naja, jedenfalls war das Geld noch da. Jetzt fuhren wir erst mal nach Buxtehude, um Heiner zu besuchen. In Celle hatten wir schon erfahren, dass die Staffel in Buxtehude in einem Landjahrlager untergebracht worden war. Dort angekommen, fragten wir uns zum Landjahrlager durch.
Leider bekam Heiner keinen Urlaub. Er durfte sich nur im Haus und Garten aufhalten. Also ließ ich Heiner und Loni allein im Garten und setze mich in eine etwas entfernte Wiese. In der Nähe stand ein Bauernhaus, dort konnten wir übernachten. Am anderen Morgen gingen

wir hinüber zum Lager. Heiner hatte zwar frei, durfte aber das Gebäude nicht verlassen, da die Staffel am nächsten Tag in Frankreich einen Einsatz fliegen musste.

Abends haben wir uns von ihm verabschiedet. Heiner war sehr traurig, denn er wusste, was so ein Einsatz bedeutete.

Wir blieben noch einige Tage in Buxtehude. Als wir ins Kino gehen wollten, kamen uns auf der Straße einige Flakhelferinnen entgegen. Plötzlich lief eine von ihnen auf mich zu und fiel mir um den Hals. Es war ein Mädchen aus Bocholt. „Ich glaubte schon, ich wäre zu Hause, als ich dich sah", sagte sie. Sie freute sich unheimlich und wollte wissen, wie es in Bocholt aussah. Loni und ich gingen dann noch ins Kino. Dort lief gerade der Film „Kohiesels Töchter" mit der damals ganz jungen Lilo Pulver.

Das Örtchen Buxtehude hat uns sehr gut gefallen. Zu normalen Zeiten hätten wir es bestimmt genießen können, aber so mussten wir immer an Heiner denken. Wie würde es ihm in Frankreich ergehen?

Als wir nach Hause fuhren, kamen wir ohne Zwischenfälle bis Wesel. Aber von Wesel nach Bocholt wurde der Zug von Tieffliegern beschossen. Wir krochen unter die Sitze und schützten uns mit Koffern und Taschen. Wir sind dann doch noch heil in Bocholt angekommen.

Bevor ich weiter über Heiner schreibe, will ich noch etwas über beide älteren Brüder schreiben.

Also, Heiner und Werner waren eigentlich unsere Halbbrüder, davon wussten wir kleineren Geschwister nichts. Wir hatten alle denselben Nachnamen und Mama machte keine Unterschiede. Sie liebte die beiden genau so wie uns. Papas erste Frau war gestorben, als die Jungen 5 und 6 Jahre alt waren. Als ich geboren wurde, war Heiner 9 und Werner 8 Jahre alt.

Mama erzählte uns oft, dass unsere Brüder, als wir noch klein waren, viel auf uns aufgepasst haben. Heiner mochte ich ganz besonders. Er tobte mit mir herum und freute sich darüber, dass ich so wild war. Er feuerte mich immer an und ließ mich überall runterspringen. Er übte mit mir Rad fahren und Rollschuh laufen. Ein Paar Schlittschuhe bekam ich auch von ihm. Damit durfte ich dann auf den im Winter verschneiten Straßen laufen. Wenn es dunkel war, ging er immer mit mir. Auf dem zugefrorenen Ententeich durfte ich nicht laufen.

Als ich 10 Jahre alt war, besuchten Heiner und Werner einen Tanzkurs. Nach Radiomusik wurde dann fleißig in der Küche geübt. Sie nahmen uns kleine Schwestern als Partnerinnen. Seit der Zeit konnte ich tanzen. Einen Tanzkurs habe ich nie besucht.

Heiner machte bei Flender eine kaufmännische Lehre und bestand die Prüfung mit sehr gut. Aber dann bekam er 1939 einen Stellungsbefehl.

Heiner kam zuerst zum Arbeitsdienst, anschließend wurde er Soldat und bei der Fliegerabwehr ausgebildet. Dann war er einige Monate in Frankreich. Von dort schickte er uns manchmal Päckchen. Einmal schickte er ganz warme Mützen für die kleinen Brüder.
Er schrieb mir auch Briefe und Karten, worüber ich mich sehr freute. Ich habe sie heute noch.
Als er einmal Urlaub hatte und des Nachts mit uns bei Fliegeralarm im Keller war, wunderte er sich über den Lärm, die die über uns fliegenden Bomber verursachten. Das hatte er nicht gedacht, dass wir in der Heimat den Krieg auch so spürten.

Dann kam er nach Graz in Österreich. Dort wurde er zum Flugzeugführer ausgebildet und zwar für eine Messerschmidt-Jagdmaschine. Damit verfolgte man feindliche Flugzeuge um sie abzuschießen.
Ich glaube, in Graz hatte er eine schöne Zeit. Er schrieb lustige Briefe über tolle Bergtouren, die er in seiner Freizeit mit seinen Kameraden machte. Dann kam er auf Urlaub in einer schicken Uniform als Unteroffizier. Wir

Kinder waren ganz stolz auf ihn. Toll sah er aus, groß und hellblond.

Heiner war Pate über unseren jüngsten Bruder Berni. Im Urlaub fuhr er mit dem Fahrrad in die Stadt und nahm dann einen von den kleinen Brüdern mit. Die Leute meinten dann, er wäre der Vater. Darüber freute er sich. Ja, Heiner und Werner hatten große Pläne für ihre kleinen Brüder.

Als wir, Loni und ich, Heiner in Celle besucht hatten, kam nach einigen Wochen ein Brief von Heiners Hauptmann und Staffelführer. Der Brief war an Papa gerichtet:

Sehr geehrter Herr Stennecken!

Durch die hinter uns liegende schwere Zeit und wegen Durchführungen von Nachforschungen ist es mir erst heute möglich, Ihnen die traurige Mitteilung zu machen, dass Ihr Sohn, der Unteroffizier Heinrich Stennecken, seit dem 22.8.1944 vermisst wird. Ihr Sohn startete am 22. 8. gegen Mittag in einem kleinen Verband zum Feindflug. Danach hat sich nach Aussage von anderen Flugzeugführern alles folgendermaßen zugetragen: Kurz nach dem Start wurden unsere Maschinen von einem an Zahl weit überlegenen Jagdverband angegriffen. Bei den sich entwickelnden erbitterten Luftkämpfen wurde unser Verband zersprengt und die Maschine Ihres

Sohnes nach Westen abgedrängt. Seitdem fehlt trotz sofortiger intensiver Nachforschungen jede Nachricht, noch konnte etwas bei den Bodeneinheiten in Erfahrung gebracht werden. Auf Grund der damaligen Lage – die Einsätze wurden aus der Gegend von Chalons-sur-Marne geflogen – muss jedoch angenommen werden, dass Ihr Sohn über Feindgebiet abgeschossen wurde. Dabei besteht natürlich noch die Möglichkeit, dass er mit dem Fallschirm abspringen konnte und sich jetzt in Gefangenschaft befindet.

Ihr Sohn Heinrich war in der Staffel als guter Soldat und einsatzfreudiger Flugzeugführer bekannt und uns gleichzeitig ein lieber und guter Kamerad. Gleich seinen Kameraden hat er mit fester Entschlossenheit und Hingabe für die Verteidigung des Vaterlandes gekämpft. Die ganze Staffel fühlt sich mit Ihnen in gemeinsamer Trauer, aber Hoffnung verbunden und vermittelt Ihnen durch mich ihr tief empfundenes Beileid.

Sollten wir nachträglich noch etwas über das Geschehen erfahren, werde ich Sie sofort davon in Kenntnis setzen. Andererseits möchte ich Sie darum bitten, eine Nachricht durch das Rote Kreuz an uns weiterzugeben.

In aufrichtiger Anteilnahme

Ihr Mayer
Hauptmann und Staffelführer

Dieser Brief erreichte uns im September 1944. Also war Heiner damals, als wir auf dem Weg von Buxtehude nach Hause waren, schon tot, aber erst 6 Jahre später, als Loni ihn durch das Rote Kreuz hat suchen lassen, haben wir es erfahren.

Auf eine Suchanzeige hin hat sich ein französischer Pfarrer gemeldet, der Heiners Erkennungsmarke an sich genommen hatte, als man ihn dort gefunden hat. Dieser Pfarrer wusste auch, wo Heiner begraben war.

Am 6. 1. 1960 bekam Mama eine Karte von einer deutschen Dienststelle für die Benachrichtigung der nächsten Angehörigen von Gefallenen der ehemaligen deutschen Wehrmacht, Abwicklungsstelle „Berlin Weichmannlust":
„Die Dienststelle hat die traurige Pflicht, Ihnen mitteilen zu müssen, dass nach einer hier eingegangenen Meldung

Ihr Angehöriger Heinrich Stennecken,
geb. 23.9. 1919 in Bocholt
am 22. 8. 1944 gefallen ist.
Todesort Raum Chalons sur Marne
Friedhof Champigneul / Frankreich
Grab Nr. 184 Reihe 8 Platz f

Die Sterbeurkunde ist am 3.7.1959 an das Standesamt in Bocholt/Westf. übersandt worden."

1964 bekamen wir vom Volksband Deutsche Kriegsgräberfürsorge einen Brief, dass die deutschen Gefallenen, insgesamt 27 000, auf die Kriegsgräberstätte in Novers-Pont-Maugis Dep. Ardennes/Frankreich umgebettet worden sind.

Papa musste eine Geburtsurkunde vom Standesamt dort hinschicken, da Heiner nicht am 23.9.1917, sondern am 23.9.1919 geboren war.

Werner

Werner war ganz anders als Heiner. Er war viel ruhiger. Er konnte stundenlang malen. Schon in der Schule hielt ihn der Lehrer nach dem normalen Unterricht noch da, damit er Bilder an die Tafel malte, z.B. den Rütli-Schwur oder sonst etwas, was für den Unterricht gebraucht wurde.
Er wollte Schaufenstergestalter werden, da konnte er diese Fähigkeit gut gebrauchen. Aber weil er nicht in der Hitlerjugend war, wollte das Arbeitsamt ihm keine Lehrstelle in einem deutschen Geschäft vermitteln. Eine Lehrstelle suchte er sich dann selber und zwar konnte er in der W.K.P., einem jüdischen Geschäft, anfangen.
Am 1. April 1935 konnte er anfangen. Er konnte die Lehre auch dort noch beenden, bevor die Judenverfolgung so richtig begann und alle jüdischen Geschäfte geschlossen

wurden. Zu seiner Gesellenprüfung hatte er ein Schaufenster mit vielen verschiedenen Parfümfläschchen dekoriert und schöne Plakate und selbst gemalte Bilder mit hineingebracht. Dafür bekam er den 1. Preis im Schaufensterwettbewerb. Die ganze Familie ging hin, um sich das Fenster anzusehen.

Dann bekam er im Nähkasten eine neue Stelle. Früher wurden die Schaufensterpuppen nur selten mit fertigen Kleidern angezogen, sondern die Kleider wurden aus Stoffbahnen an die Puppen gesteckt. Man konnte es kaum sehen, dass die Kleider nur gesteckt waren, so echt sahen sie aus.

Auch in diesem Jahr nahm er an einem Schaufensterwettbewerb teil. Diesmal dekorierte er ein Handarbeitsfenster. Er malte dafür ein riesiges Schlachtenbild. Pferde und Reiter purzelten nur so durcheinander. Das Bild sehe ich heute noch vor mir. Auch für diese Fenster bekam er einen Preis.
Als ich ein Kind war, fanden jedes Jahr in den Geschäften Schaufensterwettbewerbe statt. Nach dem Krieg hat man damit aufgehört.
Abends zu Hause malte er nach kleinen Fotos Bilder von den gefallenen Söhnen befreundeter Familien oder Nachbarn, diese waren haargenau wie eine vergrößerte Fotografie.

Aber bald musste auch Werner fort.

Zuerst kam er nach Münster Hornheide in den Arbeitsdienst, dann als Soldat nach Budweis in die ehemalige Tschechei. Dort wurde er zum Funker ausgebildet. Danach wurde er nach Russland und Rumänien geschickt. In der ganzen Zeit war er nur drei Mal in Urlaub.

An seinen letzten Urlaub kann ich mich gut erinnern. Vierzehn Jahre war ich alt. An dem Tag, an dem er zurück an die Front musste, saß er auf dem Sofa wie erstarrt. Die Tränen liefen ihm übers Gesicht, er weigerte sich zum Bahnhof zu gehen. Wir Kinder weinten alle mit. Papa redete auf ihn ein: „Wenn du nicht gehst, wirst du wegen Fahnenflucht erschossen."

Endlich stand er auf und Papa hat ihn dann zum Bahnhof begleitet.

Wir haben ihn nie wieder gesehen.

Am Ende des Jahres 1944 bekamen wir den Bescheid, dass Werner in Rumänien vermisst wird.

Einige Jahre nach Ende des Krieges, als die ersten Gefangenen aus Sibirien zurückkehrten, war auch ein Mann aus der Nachbarschaft nach Hause gekommen. Er ließ Papa rufen und erzählte ihm, dass er dabei war, als Werner im Schützengraben von einer Kugel getroffen wurde. Was er genau erzählt hat, wissen wir nicht. Papa wollte uns wohl nicht

noch mehr belasten. Er sagte nur, dass
Werner tot wäre und wir nicht noch auf ihn
warten sollten.
Nach Kriegsende hofften wir ja immer noch,
dass unsere vermissten Brüder einmal
wiederkommen würden.
Werner gilt immer noch als vermisst. Eine
richtige amtliche Benachrichtigung von
seinem Tod haben wir nie erhalten.

Ende 1944 wurde es für uns immer schlimmer
mit dem Fliegeralarm.
Jede und jede Nacht verbrachten wir im
Keller.
Maria und ich gingen trotzdem jeden Morgen
pünktlich zur Lehrstelle und die anderen in
die Schule.
Anfang 1945 fielen schon vereinzelt Bomben
in einigen Stadtteilen. Auf dem Fildeken
waren schon etliche Häuser zerstört.
Einige Tage vor dem Großangriff auf Bocholt
mussten sich die Volkssturmleute sammeln.
Das waren alles Männer über 60 Jahre, die
zur Verteidigung unserer Stadt eingesetzt
werden sollten. Unser Chef war als
Hauptmann einer Volkssturmtruppe bestellt
worden. Diese Männer wohnten in dem
Stadtteil Fildeken. Also schickte er mich und
ein zweites Lehrmädchen dahin, um die Leute
zu benachrichtigen.
Wir sind dann den ganzen Nachmittag und
Abend unter großer Gefahr wegen der

56

Tiefflieger von Haus zu Haus gegangen, haben aber keinen der sogenannten Volkssturmmänner angetroffen. Alle hatten schon mit ihren Familien die Stadt verlassen und waren jetzt irgendwo auf einem Bauernhof in der Umgebung der Stadt.
Die Volkssturmgruppe unseres Chefs trat folglich nicht an.
Für den Fall, dass der Nähkasten, in dem ich arbeitete, vielleicht ausgebombt werden sollte, hatte der Chef einige Kellerräume in Stenern gemietet. Dorthin brachten wir jetzt öfter einige Waren mit dem Leiterwagen.

An einem Vormittag, als wir gerade bis zum Georgs-Gymnasium gekommen waren, brausten die feindlichen Flugzeuge über die Stadt, die Sirenen heulten und Emmi und ich ließen den vollbeladenen Bollerwagen vor einem dicken Baum am Langenbergpark stehen und rannten in den Keller der Schule. Dann hörten wir auch schon Bomben einschlagen. Es waren etliche Häuser an der Josefskirche getroffen worden, was wir damals aber noch nicht wussten. Als Entwarnung gegeben wurde, gingen wir wieder zu unserem Leiterwagen. Er stand noch genau so da und alle Sachen waren noch darauf. Wir zogen weiter über die Nordallee nach Stenern und brachten die Sachen in den Keller.

Der Tag, an dem unsere Stadt brannte.

Morgens um 8 Uhr musste ich schon in Stenern sein. Einige Lehrmädchen und Verkäuferinnen sollten die Sachen ordnen, die wir an den vorhergegangenen Tagen dort hingebracht hatten.

Um 11 Uhr heulten die Sirenen. Erschrocken rannten wir alle über die Straße, denn an der anderen Seite waren Wellblechhütten in die Erde gegraben worden. Dort krochen wir hinein. Wir hörten die Bomben pfeifen, wussten aber nicht, wo sie runterkommen könnten. Wir hatten alle schreckliche Angst, und die anderen sagten andauernd: „Anneliese, bete mit uns den Rosenkranz."
Es war furchtbar. Jeder dachte: „Jetzt hat unsere letzte Stunde geschlagen." Der Lärm über uns wollte überhaupt nicht aufhören. Als dann endlich Entwarnung gegeben wurde, gingen wir in das Haus zurück.
Nach kurzer Zeit fuhr ein Auto vor und heraus stiegen der Gauleiter und der Bürgermeister unserer Stadt. Sie trugen ihre gelben SA-Uniformen, redeten mit unserem Chef und verschwanden im Keller. Da kamen sie dann in feldgrauen Soldatenanzügen wieder heraus. Sie sagten, dass Bocholt zur Festung erklärt worden wäre. Daraufhin fuhren sie weiter.

Jetzt wurden wir alle nach Hause geschickt, damit wir im Falle eines Angriffs bei unseren

Familien wären. Ich lief so schnell ich konnte nach Hause, aber sie waren alle fort. Auch von den Nachbarn war keiner mehr zu Hause.

Weil wir schon vereinbart hatten, in den Kleingarten zu gehen, falls wir die Stadt verlassen müssten, ging ich schnell dort hin. Meine Familie war aber nicht dort.

Kaum hatte ich den Garten betreten, da flogen Tiefflieger über unsere Laube und schossen. Ich warf mich im Gartenhaus auf den Fußboden.

Durch das Fenster konnte ich die Flugzeuge sehen. Worauf sie geschossen haben, weiß ich nicht.

Als ich nichts mehr hörte, lief ich nach draußen, um meine Eltern zu suchen. Da traf ich Opa Wollenbrink und seine Tochter und ein Ehepaar aus der Nachbarschaft. Als wir noch zusammen überlegten, wo meine Eltern sich aufhalten können, heulten die Sirenen. Es wurde Großalarm gegeben. Alle zusammen rannten wir auf das freie Feld vor dem Kleingarten, wo heute die Straßen Unter den Eichen bzw. Buchenallee sind. Dort waren auch Wellblechhütten in die Erde gegraben worden. Wir krochen in eine dieser Hütten.

Dann ging es los. Die Luft dröhnte vom Motorenlärm und von explodierenden Bomben. Wir hielten uns an den Händen und erwarteten jeden Moment die tödliche Bombe. Nach 15 Minuten wurde es ruhiger. Der Motorenlärm verlor sich in der Ferne. Vorsichtig kroch Opa Wollenbrink zuerst aus dem Loch heraus. Er rief uns zu: „Die ganze Stadt brennt!" Wir kamen einer nach dem anderen aus unserer Hütte. Draußen war es so, als wenn die Welt untergehen wollte. Vorher war heller Sonnenschein gewesen, aber jetzt verdunkelten dicke Rauchwolken die Sonne. Papiere flogen durch die Luft. Schreiende Menschen kamen aus der Stadt gerannt.

Ein älterer Mann rannte und rannte und rief immer wieder: „Das ganze Krankenhaus brennt!" Er konnte gar nicht aufhören zu schreien.

Ich nahm einen Brief auf, der durch die Luft geflogen kam. Er war an eine Frau gerichtet, die über dem Geschäft wohnte, in dem ich arbeitete. Da wusste ich, dass auch das Geschäft brannte.

Ich schaute nach links, aber da war kein Feuer zu sehen. Es sah so aus, als ob das Yorkviertel, in dem wir wohnten, noch heil war.

Ich blieb noch eine Stunde bei meinen Bekannten. Als dann aber kein neuer Alarm kam, ging ich zu Bauer Benning nach Stenern, weil ich dachte, dass meine Eltern da sein könnten, und tatsächlich war die ganze Familie da. Unseren alten Nachbarn hatten sie auch noch mitgenommen. Alle waren froh, als sie mich sahen.

Wir blieben jetzt bei Bauer Benning. Aus Angst vor weiteren Angriffen trauten wir uns nicht nach Hause. Im Rübenkeller breiteten

60

wir Stroh aus und dort schliefen wir dann alle nebeneinander. Schlafen konnten wir eigentlich gar nicht, aber wir hatten wenigstens ein Dach über dem Kopf. Vor Bomben waren wir hier auch nicht sicher, aber der Rübenkeller hatte sehr dicke Wände und würde uns vor Splittern schützen. Jedenfalls mussten wir jetzt hierbleiben, bis die Engländer und Amerikaner unsere Stadt erobert hatten.

Die ganze Innenstadt war ausgebombt worden. Alle Geschäfte lagen in Schutt und Asche. Man konnte gar nichts einkaufen. Mama hatte noch einen Schinken von unserem geschlachteten Schwein mitgenommen, aber wir hatten kein Brot. Von dem Bauern bekamen wir etwas, aber nicht genug. In der Waschküche konnten wir uns auch Kartoffeln kochen. Beim Nachbarbauern Knuf war der Bäcker Schrör evakuiert. Er hatte dort die Möglichkeit Brot zu backen. Irmgard stand jeden Tag in der Schlange, um ein Brot zu bekommen.

Maria und ich gingen noch zu unserer Arbeitstelle, das heißt, ich ging nach Stenern und Maria in irgendein Ausweichlager ihrer Arbeitstelle, denn die Geschäfte waren ausgebombt, und nur aus den Kellern musste die Ware, die noch ganz geblieben war, herausgeholt werden.

Eigentlich war es viel zu gefährlich, überhaupt auf die Straße zu gehen. Einmal bin ich noch

nach dem Angriff durch die zerstörte Stadt gegangen. Viele Leute suchten in den ausgebrannten Häusern nach brauchbaren Dingen. Die Geschäftsleute mussten aufpassen, dass die Ware, die noch brauchbar war, nicht gestohlen wurde. Außer ein paar Lebensmitteln in den Außenbezirken, wo noch ein Lebensmittelgeschäft heil geblieben war, konnte nichts verkauft werden.
Die Sparkassen waren auch alle zerstört. Ich kann mich nicht mehr erinnern, woher wir damals das Geld geholt haben.

Am 24. März schlugen schon die ersten Granaten in der Stadt ein. Papa und Maria fuhren noch einmal mit dem Leiterwagen nach Hause, um noch einige zu Haus vorhandene Lebensmittel zu holen. Am Kleingarten lagen zwei erschossene Volkssturmmänner. Sie waren von SS-Leuten mit Genickschuss getötet worden, weil sie ihre Truppe verlassen hatten. Überall fuhren diese SS-Männer mit ihren Jeeps herum, um fahnenflüchtige deutsche Soldaten oder Volkssturmmänner aufzuspüren. Es waren viele unterwegs, die versuchten, irgendwo unterzutauchen, um nicht in Gefangenschaft zu geraten.

Als Papa und Maria nach Hause kamen, war alles noch so, wie sie es verlassen hatten. Der Bombenteppich hatte unser Wohnviertel nicht erreicht. In die neue Kreuzbergschule

und in ganz einzelne Häuser waren wohl
Bomben gefallen. Aber dort war niemand zu
Schaden gekommen. In der Innenstadt waren
viele getötet worden. Aber Genaues wussten
wir nicht.
Die noch zu Hause vorhandenen Lebensmittel
packten Maria und Papa auf den Leiterwagen
und fuhren damit zum Bauern zurück. Vorher
hatten sie in der Wohnung nachgeschaut, ob
auch kein Foto oder etwas, was mit den Nazis
zu tun hatte, in der Wohnung war. Der 25.
März war Palmsonntag. Beim Bauern Knuf in
der Scheune wurde eine Heilige Messe
gefeiert. Ich weiß nicht mehr, wer von uns
hingegangen ist. Die Stadtkirchen waren alle
zerstört. Die Hl. Kreuz Kirche und die
evangelische Kirche waren noch stehen
geblieben, aber keiner wagte sich dort hin. Die
Engländer und Amerikaner waren über den
Rhein gekommen. Wir konnten den
Kanonendonner hören.

27. März

Die Volkssturmmänner stehen bei der
Königsmühle an de Aabrücke. Deutsche
Panzer sind an der Werther Straße
aufgefahren. Aber keiner glaubt daran, dass
sie den Einmarsch der Alliierten verhindern
können.
Am 29. März sind die damaligen Feinde in
Bocholt einmarschiert. Aber wir in Stenern
haben nichts davon bemerkt.

Es war in der Nacht von Gründonnerstag auf
Karfreitag.
Wir saßen alle im Rübenkeller auf dem Stroh
und hörten immer die Granaten einschlagen.
Papa sagte: „ Wenn wir diese Nacht überleben,
dann ist der Krieg für uns vorbei."
Gegen Morgen wurde es ganz still. Langsam
wurde es hell und wir liefen nach draußen auf
den Hof, da kamen doch einige englische
Soldaten aus dem Hühnerstall und hatten sich
ihre Frühstückseier schon geholt. Sie gingen
auf dem Hof umher, als wären sie schon
immer dagewesen.
Der Bauer hatte ein weißes Betttuch an
seinem Haus befestigt. An allen Häusern
hingen weiße Fahnen. Wir waren alle sehr
froh, dass der Krieg hier für uns zu Ende war.
Ein deutscher Soldat, der sich noch auf dem
Hof befand, hatte noch in der Nacht einen
Anzug des Bauern angezogen und seine
Uniform versteckt. So blieb ihm die
Gefangenschaft erspart.
Am Karfreitag, dem 30. 3., als die Stadt ganz
von den Engländern besetzt worden war,
wollte Papa unbedingt nach Hause um
festzustellen, wie es dort aussah. Ich ging mit
ihm. Er nahm ein weißes Taschentuch in die
Hand und zog den Leiterwagen hinter sich her.
Wir gingen am Kleingarten entlang zur
Blücherstraße.
An der Blücherstraße stand ein uraltes Haus,
dieses Haus nannten wir die Burg, weil es so
einen runden Erker hatte. Aus dem Fenster

der Burg schaute ein Maschinengewehr heraus, dahinter standen zwei englische Soldaten. Papa wedelte mit dem weißen Tuch und so ließen sie uns unbehelligt vorbei gehen. Vor unserer Haustür stand ein Panzer. Aber nicht nur dort. Rund um den Beckmannplatz hatten die Panzer sich aufgereiht. Soldaten putzten mit Hakenkreuzfahnen die Kanonenrohre an den Panzern.

In unserem Haus war alles in Ordnung. Es war keiner darin gewesen. Aus anderen Häusern waren Sachen entwendet worden, vor allen Dingen aus den Wohnungen, wo die Soldaten Hitlerbilder oder Hakenkreuzfahnen gefunden hatten.

Während Papa im Haus blieb, lief ich zur Moltkestraße, um nach meiner Freundin zu sehen. Es war aber niemand da. Dann ging ich zur Seydlitzstraße, um bei einer anderen Freundin nachzusehen. Ich klingelte und oben wurde ein Fenster geöffnet. Die Mutter meiner Freundin bekam einen Schrecken, als sie mich sah.

„Was machst du denn auf der Straße? Es ist doch totale Ausgangssperre angeordnet worden", sagte sie. „Heute Morgen ist ein Lautsprecher durch die Straßen gefahren, da haben sie es bekannt gegeben."

Davon hatten wir ja keine Ahnung. Darum hatten die Engländer so komisch geschaut, als ich an ihnen vorbei ging.

Schnell lief ich zu Papa, um es ihm zu sagen. Was sollten wir jetzt machen? Wenn wir nicht

zurückgingen, würde Mama sich große Sorgen machen. So beschlossen wir, so schnell wie möglich zum Bauernhof zurückzukehren.
Wir sind dort gut wieder angekommen.

Karsamstag

Am Karsamstag konnten wir wieder nach Hause gehen. Wir packten unsere Sachen zusammen, jeder seinen Rucksack. Die beiden Kleinen und Opa Ellerink kamen in den Leiterwagen und so zogen wir los.
Irmgard ging wieder zu Knuf, um auf ein Brot zu warten. Wir konnten zwar wieder nach Hause, aber was sollten wir essen? Wasser hatten wir auch nicht.
Zum Glück war in der Yorkstraße vor einem Haus eine alte Wasserpumpe, dort holten sich die Familien, die schon wieder in ihre Häuser zurückgekehrt waren, das Wasser zum Kochen. Mit Töpfen und Eimern bewaffnet stand dort ständig eine Menschenschlange. Das war gar nicht so schlimm für uns. Wir waren so glücklich, alle noch am Leben zu sein. Und auch dass wir wieder in unseren Betten ruhig schlafen konnten, die ganzen Nächte durch, das kannten wir schon gar nicht mehr. Für uns war der Krieg zu Ende, aber weiter auf Berlin zu wurde immer noch gekämpft.

Das Beschaffen von Lebensmitteln war für uns jetzt die wichtigste Sache.

66

Lebensmittelkarten hatten wir den ganzen Krieg schon gehabt, aber Hunger hatten wir noch nie gehabt.

Jetzt waren wir alle ständig auf der Jagd nach Essbarem. In den Kleingärten wurden schon Bohnen und Erbsen gepflanzt in der Hoffnung, schnell aus dem eigenen Garten Gemüse zu bekommen.

Für die Frauen und Mädchen war es gefährlich, in den abgelegenen Gärten zu arbeiten. Überall liefen die befreiten russischen Kriegsgefangenen herum und überfielen die Frauen. Auf den Bauernhöfen war es ganz schlimm. Bauern, die die Gefangenen nicht gut behandelt hatten, als sie bei ihnen arbeiteten, wurden oft in den Nächten überfallen, beraubt und ihre Frauen vergewaltigt.

Einmal, als ich mit Irmgard im Kleingarten arbeitete, standen auf einmal wohl zehn Russen vor unserem Garten.

Wir bekamen schreckliche Angst. Sie standen aber ganz ruhig da und einige sprachen uns in deutscher Sprache an. Sie erzählten, dass sie von der Wolga kämen und fragten uns, ob wir nicht mit ihnen nach Russland gehen wollten. Wir beide stellten jetzt unsere Hacken in die Laube und gingen langsam auf den Ausgang zu. Die Russen liefen hinter uns her. Wir gingen ganz normal bis zur Blücherstraße, doch dann rannten wir los. Wir rannten und rannten, bis wir atemlos zu Hause ankamen.

Jedenfalls sind wir in den nächsten Wochen nicht mehr in den Garten gegangen.

Nach dem Einmarsch der Engländer konnten Papa, Maria und ich nicht mehr zur Arbeit gehen. Die Fabrik stand still und die Geschäfte, in denen wir gearbeitet hatten, waren zerbombt.
Ich weiß nicht mehr, wovon wir damals gelebt haben. Sicher, man konnte kaum etwas kaufen, aber ein paar Grundnahrungsmittel musste man doch bezahlen. Das ersparte Geld war schnell verbraucht.
Ende April konnte Papa auf seiner Arbeitsstelle wieder anfangen. Es war nicht seine normale Arbeit, sondern Aufräumungsarbeiten in dem alten Betrieb. Dieser war auch von den Engländern besetzt worden.
Es arbeiteten noch einige Männer mit ihm dort. Am Abend schnitt er dann seinen Mitarbeitern manchmal die Haare. Es gab im Moment keinen Frisör in unserer Gegend. Papa hatte so eine Haarschneidemaschine.
Eines Nachmittags schellte es an unserer Haustür. Mama öffnete und ein englischer Soldat mit aufgepflanztem Seitengewehr stand vor ihr. Sie bekam einen gewaltigen Schrecken, denn damals wurden viele Leute abgeholt, die Nazis gewesen waren und unschuldige Menschen ins KZ gebracht hatten. Aber alles, was der Mann wollte, war die Haarschneidemaschine.

Schweren Herzens gab Mama ihm das Ding. Nach einigen Tagen brachte er das Gerät zurück Damit hatten wir nicht gerechnet.

Für ihre Arbeit in der Fabrik bekamen die Männer kein Geld, sondern Garn, welches noch auf dem Lager war. Dieses Garn war für uns sehr kostbar. Wir strickten Kniestrümpfe für uns alle davon, häkelten Deckchen oder BHs. Manche Rollen tauschten wir gegen Lebensmittel ein.
In der Fabrik hatten die Engländer große Säcke mit weißem mehligem Inhalt gelagert. Die Säcke waren zwar beschriftet, aber niemand konnte es entziffern. Einige Männer nahmen etwas davon mit nach Hause, in der Annahme, dass es sich um Puddingpulver handeln würde. Die Frauen kochten es mit Wasser auf, es kochte und kochte, aber es tat sich nichts, es wurde einfach nicht dick.
Da schmuggelte man einen Schüler, der Englisch lesen konnte, in den Betrieb. Es fand des Rätsels Lösung: Das geheimnisvolle Pulver war ein Läusevernichtungsmittel. Über diese Geschichte haben wir noch lange gelacht.

Dann wurde in der Stadt eine Umtauschzentrale eingerichtet. Meine Schwester konnte dort anfangen zu arbeiten. Die Zentrale befand sich im Georgs-Gymnasium. Jeder konnte Textilien oder Schuhe dort tauschen. Das war eine gute Sache, denn kaufen konnte man noch immer nichts. Außer ein paar Verkaufsstellen für Lebensmittel waren keine Geschäfte vorhanden.

Vor unserer Haustür auf dem Spielplatz stand ein großes Zelt. Darin schliefen amerikanische Soldaten. Abends saßen sie draußen vor dem Zelt und machten Musik. Es war auch ein dunkelhäutiger Mann dabei, der toll Trompete spielte. Manchmal legte er sich auf die Wiese um sich auszuruhen. Dann legte er sich ein großes Taschentuch aufs Gesicht, weil die Kinder ihn ununterbrochen anstarrten.
Der Platz glich einem großen Heerlager. Panzer und sonstiges Kriegsgerät stand überall herum. Auch in der Gaststätte „Auf dem Allerhöchsten" waren Soldaten untergebracht
Es war so ein schönes Frühjahr. Fast immer schien die Sonne und die Kinder hielten sich gern in der Nähe der Besatzer auf. Denn von ihnen bekamen sie Schokolade oder Brot, und weil alle Hunger hatten, war der Platz ständig von ihnen umlagert. Denn Schulunterricht gab es noch nicht. Und da sie keine Angst mehr vor Bomben zu haben brauchten, war es für die Kinder eine schöne Zeit.

Die Eltern hatten jetzt neue Sorgen, denn sie wussten nicht, was sie den Kindern zu essen geben sollten.
Einige Familie hatten ja noch Kartoffeln und eingekochtes Gemüse, aber die

Ausgebombten hatten gar nichts mehr. In der Umgebung der Stadt wurden die Bauern von den hungernden Menschen heimgesucht. Scharenweise zogen sogenannte Hamsterer übers Land und bettelten um Kartoffeln, Milch und Mehl. Weil wir in den ersten Wochen nach dem Einmarsch der Alliierten kein Wasser hatten, wurden die Probleme mit den Toiletten groß. In unserem Schuppen im Garten hatte unser Vater schon vor Jahren ein Plumpsklo gebastelt. Dieses kam uns jetzt gut zustatten. Die ganze Nachbarschaft beehrte uns. Aber als Erstes wurde dann die Wasserversorgung in unserer Stadt wiederhergestellt.

Da ich Lehrling im Nähkasten war, ging ich jetzt jeden Tag zum Steinepicken ins Geschäft. Wir schlugen den alten Mörtel von den Ziegelsteinen, damit mit den Steinen neue Mauern gezogen werden konnten. Ein Maurer war damit beschäftigt, einen Raum wieder für den Verkauf herzurichten. Frau Pottmeyer und ich rührten zusammen in einem großen rechteckigen Kübel Speis an. Eine Zementmischmaschine war nicht vorhanden.
Viele alte Männer, Frauen und Mädchen waren in der ausgebombten Stadt mit Schuttscheppen und Steinepicken beschäftigt. Irgendwer musste ja mit dem Wiederaufbau anfangen.
In den Häusern, die nicht zerstört waren, wohnten jetzt viele Personen. In unserem

kleinen Haus wohnten wir mit 13 Leuten. Onkel Martin, dessen Haus unbewohnbar war, wohnte mit seiner Familie auch einige Wochen bei uns. Als er dann eine andere Unterkunft fand, nahmen wir neue Obdachlose auf. Das Wohnzimmer wurde ein Schlafzimmer. Große Zimmer wurden mit Kleiderschränken unterteilt. Das war alles gar nicht so schlimm, wie man es sich heute vorstellt. Nach einem so langen Krieg geht alles. Die Hauptsachen waren ein Dach über dem Kopf und etwas zu essen

Im Mai 1945 war Deutschland endgültig besiegt. Die Besatzungssoldaten vor unserer Haustür brachen in einen Freudentaumel aus. Es wurde lautstark gefeiert mit Musik und Gesang. Wir standen alle vor der Haustür und sahen zu. Auch wir waren froh, dass der Krieg jetzt zu Ende war.

Juni 1945

Der Krieg war aus. Aber der Hunger war da. Es gab zuerst keine Lebensmittel zu kaufen. Wer keinen Garten hatte, war zu bedauern. Manche Familien pflanzten Gemüse im Park vor der Tür an.

Wir hatten Verwandte in Suderwick, die ab und zu für uns ein Brot übrig hatten. Da mussten wir dann 11 Kilometer hin- und

zurücklaufen. Manchmal bekamen wir dann noch zwei Liter Magermilch dazu.
Einmal bin ich mit meiner Freundin gegangen. Sie bekam nur Milch. Da habe ich ihr ein Stück von meinem Brot mitgegeben. Meine Schwester Maria ist auch mit dem Fahrrad hingefahren. Es war schwierig mit dem Rad zu fahren. Weil es schon lange keine Fahrradschläuche mehr zu kaufen gab und die alten nicht mehr zu flicken waren, wurden dicke Seile über die Felgen gelegt und darüber kam dann der alte Fahrradmantel. Das Ganze nannte man Vollgummireifen. Es war sehr anstrengend, damit zu fahren. Mit so einem Rad einige Kilometer zu fahren und dann noch pünktlich zu Hause zu sein, war aufregend. In diesen Wochen nach dem Krieg durfte niemand nach 22 Uhr auf der Straße sein.
Unsere ganze Rennerei nutzte nicht viel. Wir hatten immer Hunger. Auf meiner Lehrstelle musste ich jeden Tag Steine picken und Speis anrühren. Und das mit leerem Magen. Aber wir mussten ja einen Raum für den Verkauf fertigstellen.

Eines Tages entschloss ich mich, die Lehre abzubrechen und mir eine Arbeit auf einem Bauernhof zu suchen. Ich war es leid, immer mit einem knurrenden Magen herumzulaufen und vielleicht bestand ja so auch die Möglichkeit, auch mal einige Lebensmittel für meine Eltern und Geschwister zu bekommen.

Es war schlimm, wie ausgehungert schon alle waren.

Also ging ich zuerst zum Bauern Benning in Stenern und fragte nach Arbeit. Leider hatte er im Moment genug Arbeitskräfte, aber er bot mir an, auf seiner Wiese bei einer Kuh das Melken zu erlernen.

Ich war noch nie in der Nähe einer Kuh gewesen. Vorsichtig ging ich an die Kuh heran. Der Bauer hielt sie fest. Dann gab er mir einen dreibeinigen Melkschemel in die Hand. Darauf sollte ich mich setzen und dabei den Milcheimer mit den Knien festhalten. Die Striche der Kuh musste ich zuerst mit Melkfett einreiben. Ganz vorsichtig fasste ich das Tier an. Es war schon älter und stand ganz ruhig da. Dann nahm ich all meinen Mut zusammen und zog an den Strichen. Der Bauer ermunterte mich und tatsächlich, nach einer Weile, kam ein dünner Milchstrahl und auf dem Boden des Eimers wurde es weiß. Ich hatte einen unheimlichen Spaß. Der Bauer hat dann weiter gemolken.

Jetzt ging ich eine ganze Woche dahin, um das Melken zu üben. Meine Freundinnen lachten mich aus. Sie fanden es furchtbar witzig, dass ich bei einem Bauern arbeiten wollte.

Dann gab mir Bauer Benning die Adresse eines Bauern in Krommert, wo noch ein Mädchen für die Arbeit gesucht wurde.

An einem späten Nachmittag ging ich mit meinen Eltern dorthin um mich vorzustellen. Wir kannten den Weg nicht und fragten unterwegs auf einigen Höfen nach. So gingen wir volle zwei Stunden und kamen total fertig auf dem betreffenden Hof an.

Die Bäuerin deckte für uns den Tisch mit selbstgebackenem Brot, Butter und Wurst. So etwas hatten wir schon lange nicht mehr gesehen. Sie kochte den Kaffee und forderte uns auf, nun erst mal nach dem langen Weg zu essen. Das ließen wir uns nicht zweimal sagen.
Die Kinder des Bauern standen dabei und sahen uns mit großen Augen zu. Die Bauersleute hatten genug Arbeit für mich und so konnte ich gleich am 1. Juli 1945 anfangen. Ich war sehr froh. Jetzt mussten wir den langen Weg wieder zurückgehen.

Meine Jahre auf dem Bauernhof

Die drei „Mädchen" mit den Bauernkindern
in Krommert

1.Juli 1945

Es war Sonntag. Meinen Koffer hatte ich gepackt. Er kam auf den Gepäckträger des alten Fahrrades und so gingen Papa und ich nach Krommert. Da wir nur dieses eine Fahrrad hatten, mussten wir zu Fuß gehen.

Aber Papa konnte dann wenigstens den Weg zurückfahren.

Als wir ankamen, wurden wir gleich von den Kindern empfangen. Sie zeigten mir mein Zimmer und halfen den Koffer auszupacken. Dann konnten wir uns an den Kaffeetisch setzten. Nach dem Kaffee zeigte mir Gertrud, die schon einige Zeit auf dem Hof arbeitete, die Ställe und den Garten.

Zuletzt gingen wir zum Kirschbaum, der mitten auf dem Hof stand, um uns ein paar reife Kirschen zu pflücken. Da flogen uns doch dauernd Kirschsteine auf den Kopf.

Wir guckten hinauf und sahen, dass hoch oben jemand im Baum saß und Kirschen aß. Das war Franz, der ein paar Tage vorher auf den Hof gekommen war. Er war in englischer Kriegsgefangenschaft gewesen und konnte nicht in seine Heimat entlassen werden, denn Pommern war von den Russen besetzt. Jupp Lachnicht aus Krechting, der sein Mitgefangener gewesen war, hatte für ihn die Vormundschaft übernommen, damit er auch entlassen werden konnte. Denn alle Jungs, die noch nicht achtzehn Jahre alt waren, durften nicht entlassen werden, wenn sie in den russisch besetzten Gebieten wohnten. Also

nahm Jupp ihn mit nach Hause. Da er aber
keine Arbeit für ihn fand, hatte er ihn auf den
Bauernhof gebracht.
Das alles erzählte mir Gertrud.
Langsam wurde es Abend und ich durfte die
Kinder des Bauern ins Bett bringen.

Da waren Hannes, 1 Jahr alt,
Hermann, 3 Jahre alt,
Toni, 5 Jahre, Josef, 6 Jahre,
Marianne, 8 Jahre,
Berni 11 Jahre alt.

Hauptsächlich war ich mit den beiden Kleinen
beschäftigt.
Gertrud und die Bäuerin gingen in die
Kuhweide, um die Kühe zu melken.
Am Abend fuhr Papa mit dem klapprigen
Fahrrad nach Hause.

Das war mein erster Tag in Krommert. Ich war
16 Jahre alt und eigentlich war ich ganz froh,
etwas Neues kennenzulernen, doch vom
Landleben hatte ich keine Ahnung. Aber ich
habe mir darüber gar keine Sorgen gemacht.
Irgendwie würde ich es schon schaffen.

Am anderen Morgen mussten wir alle um 6 Uhr aufstehen.

Ich war fürs Feueranmachen und für das Vorbereiten des Frühstücks eingeteilt. Außerdem hatte ich natürlich dafür zu sorgen, dass die Schulkinder pünktlich in die Schule kamen. Die Kleinen mussten gewaschen und angezogen werden. Alles musste fertig sein, wenn die Bauersleute und Knechte und Mägde zum Frühstück kamen. Diese hatten ja schon die Kühe gemolken und gefüttert und auch die Schweine versorgt.

Da unsere Mutter uns eigentlich ziemlich verwöhnt hatte, hatte ich natürlich keine Ahnung vom Kaffeekochen. Das andere traute ich mir wohl zu. Aber Kaffee gekocht hatte ich noch nie.

Das Wasser fing an zu summen und ich dachte, dass es schon kochte. Ich konnte auch niemanden fragen, weil alle im Stall waren. Also schüttete ich das heiße Wasser in die Kaffeekanne.

Beim Frühstück sagte der Bauer auf einmal: „Wer hat den Kaffee gekocht?" Ich meldete mich und er lachte. „Nee, nee", sagte er, „das Wasser hat nicht gekocht. Morgen zeige ich dir erst mal, wie es aussieht, wenn das Wasser kocht." Alle am Tisch lachten, ich auch.

Am anderen Morgen habe ich dann das Kaffeekochen gelernt.

Eigentlich ist es mir nicht schwergefallen, mich in den bäuerlichen Haushalt einzugewöhnen. Als ich nach drei Wochen das erste Mal wieder zu Hause war, fand ich alles so klein und eng, obschon es gar nicht so klein war. Aber ein großes Bauernhaus ist doch etwas anderes als ein Reihenhaus in der Stadt.

Meine Schwestern besuchten mich oft. Dann konnten sie sich auch sattessen, aber dafür mussten sie einen weiten Weg gehen, immerhin 10 Kilometer hin und 10 Kilometer zurück. Abends backte ich Buchweizenpfannkuchen und davon nahmen sie welche mit für die kleinen Brüder. Aber meistens haben sie die Pfannkuchen auf dem Rückweg selbst gegessen. Die Bäuerin gab ihnen auch immer ein Säckchen Roggenkörner mit. Die wurden zu Hause durch die Kaffeemühle gedreht und von den zerquetschten Körnern wurde mit Wasser und vielleicht etwas Zucker eine Roggensuppe gekocht.
Den ganzen Sommer 1945 hatten wir schönes Wetter und ich fühlte mich sehr wohl auf dem Bauernhof. Ich hatte überhaupt kein Heimweh nach der Stadt. In der „Wisse" wurde noch geheut. Es war meine erste Heuernte.
Die Wiese war wunderschön. An der einen Seite wurde sie von einem kleinen Wald begrenzt. An der anderen Seite war eine Wallhecke. Von der Wiese aus sah man auf den Timpmannshof. Dann war da das Pferd, das den Heurechen zog, wir alle mit unseren Heugabeln und Gertrud hoch obenauf dem

Heuwagen, der vollgepackt aus der Wiese schwankte. Ich kam mir vor, als wäre ich ein Farbfleck auf einem großen Bild.

Dann kam die erste Roggenernte. Ich lernte, die Garben in langen Gassen zusammenzustellen. Das war eine schwere Arbeit. Der Roggen wurde mit einem Selbstbinder gemäht. Die Garben waren viel schwerer als die, die mit der Hand gebunden wurden. Die Felder wurden zuerst an den Rändern mit der Sense angemäht. Diesen Roggen band Gertrud mit der Hand. Das konnte sie sehr gut, denn sie war auf einem Bauernhof aufgewachsen.

Wenn der Roggen trocken genug war, wurde er in die Scheune gefahren. Oben auf dem Wagen stehend, musste ich die Garben mit einer Gabel durch eine enge Luke reichen. Dort nahm der Knecht die Garben an und warf sie nach hinten, wo Gertrud sie ordentlich verpackte. Es war eine schrecklich schwere Arbeit. Nach etlichen Fuhren streikte ich. Mein Rücken tat mir so weh. Zum Bauern sagte ich: „Das sollen nur die Männer machen." Der Bauer war sehr erstaunt und meinte: „Das haben immer die Mädchen gemacht." „Ist mir egal", sagte ich. Erst war er ratlos, dann schickte er einen Knecht auf den Wagen.

Es waren ja auch genug Männer auf dem Hof. Da war Alejej, ein russischer Kriegsgefangener. Er war jetzt frei und brauchte eigentlich nicht

auf dem Hof zu bleiben. Er war friedlich und arbeitsam. Er zog nicht mit den anderen Russen herum, die nach ihrer Freilassung Bauernhöfe überfielen und die Frauen vergewaltigten. Wir hatten Glück, vielleicht weil Alejej es gut gehabt hatte bei den Bauersleuten. Er blieb da, bis alle russischen Kriegsgefangenen in ihre Heimat zurückgebracht wurden. Als er gehen musste, war er sehr traurig. Er wäre ganz gerne dageblieben. Zum Andenken erbat er sich von der Bäuerin ein Essbesteck mit Elfenbeingriffen.
Vielleicht ist er niemals zu Hause angekommen.

Eines Tages kam mein Vater mit meinem Vetter zum Bauern. Er war aus der Gefangenschaft gekommen und konnte nicht nach Hause. Seine Frau wohnte in der sowjetischen Besatzungszone und sein Elternhaus stand in Suderwick. Suderwick war zum Niemandsland erklärt worden und niemand durfte hinein. Wohin sollte er gehen? Also ging er zu meinen Eltern. Weil diese aber keinen Platz und auch nichts zu essen für ihn hatten, brachte Papa ihn zum Bauern nach Krommert. Als Gärtnermeister konnte er sich ja nützlich machen, darum konnte er bleiben.
Nach drei Monaten durften die Bewohner wieder nach Suderwick zurück. Da ging er auch. In den drei Monaten beschäftigte er sich

in seiner Feizeit mit dem kleinen Hannes, denn er hatte auch so einen kleinen Sohn, den er bis dahin nur einmal gesehen hatte.

Dann kam Herbert. Er war auch aus Pommern und konnte nicht in seine Heimat. Er war von Beruf Schmied und konnte bei einem Schmied in Krechting Arbeit und Unterkunft bekommen. Sechs Wochen war er bei uns.

Kurt aus Schlesien fand auch einige Monate Arbeit und Brot beim Bauern.

Oben im Haus hatte ein älteres Ehepaar ein Zimmer. Sie hatten in Bocholt beim Bombenangriff alles verloren. Dann war da noch eine Mutter mit einem Kind, die auch ausgebombt waren. Aber nach einigen Monaten, als sie in Bocholt ihre Häuser wieder notdürftig hergerichtet hatten, gingen sie zurück.

Dafür kamen neue Leute auf den Hof, zwei Familien aus Schlesien. Zusammen waren es zehn Personen. Jeder Bauer wurde dazu verpflichtet, so viele Personen aufzunehmen, wie es die Räumlichkeiten zuließen.
Jetzt lebten vierundzwanzig Personen auf dem Hof, die Bauernfamilie mit acht Personen, drei Mädchen und drei Jungen und die Flüchtlinge. Wir hatten so richtig unsere eigene Welt. Niemals war es langweilig. Fast alles, was wir zum täglichen Leben brauchten, versuchten

wir selbst zu machen, sogar die Seife zum Waschen.

An einem Morgen, als ich die Kühe zum Melkplatz getrieben hatte, lag eine Kuh ganz hinten in der Wiese. Ich lief hin, um sie zu holen. Sie lag da mit gläsernen Augen und ausgestreckten Beinen. Sie sah so tot aus. Eine tote Kuh hatte ich noch nie gesehen. Ich stieß sie ein paar Mal mit dem Holzschuh an, aber sie stand nicht auf. Ich ging zur Bäuerin und sagte. „Die Kuh steht nicht auf. Ich glaube, sie ist tot."

In der Nacht war ein schweres Gewitter gewesen und die Kuh war vom Blitz erschlagen worden. Man schaffte sie auf den Hof und ich weiß noch, dass einige Leute aus Krechting sich das Fleisch holten.

Die Knochen kamen in einen großen Manteltopf. Aus der Apotheke holte jemand Seifenstein. Dann wurden die Knochen stundenlang gekocht. Wie genau sie es gemacht haben, weiß ich nicht mehr, dann war da ein dicker Brei, aus dem man Seifenstücke formte.

Man konnte sich damit waschen, nur roch es nicht so gut, weil man ja keine Duftstoffe hatte.

Das war der erste Sommer in Krommert für mich. Ich fühlte mich so wohl, als wäre ich schon immer da gewesen.

Jede freie Minute beschäftigte ich mich mit den Kindern. Am Abend, wenn die Kleinen im Bett waren, machte ich noch Schularbeiten mit den Größeren oder wir spielten Völkerball und Seilchenspringen.

Der Sommer ging zu Ende und mit dem Herbst kamen die Dreschmaschinen auf den Hof. Alle mussten beim Dreschen helfen. Auch einige Nachbarbauern kamen noch dazu. Für mich war das alles neu: die vielen Leute, die alle Hand in Hand arbeiteten, und dann das gemeinsame Mittagessen und das Kaffeetrinken. Ich fand das ganz toll und habe das gar nicht so sehr als Arbeit betrachtet.
Als auf unserem Hof das Korn gedroschen war, wurde die Dreschmaschine zum Nachbarn gefahren. Am anderen Morgen gingen wir auch dorthin um zu helfen.
Beim Nachbarn waren auch sechs Kinder, die freuten sich, als wir kamen. Der Hof lag hinter einem Wald. Ich fand dort alles sehr gemütlich. Der Bauer war immer ein bisschen brummig, aber das störte uns nicht.
Ab und zu gingen unser Bauer und die Bäuerin auf den Nachbarhof. Es war dann immer eine gewisse Heimlichkeit dabei. Sie sagten nie, was sie da wollten. Aber wir sind doch dahinter gekommen: Sie schlachteten dann heimlich ein Schwein. Das durfte natürlich niemand erfahren. Auf unserem Hof, wo so viele Fremde wohnten, war das ja gar nicht möglich.
Die Bauern mussten damals genaue Angaben über die Anzahl ihrer Tiere machen und wenn jemand falsche Angaben gemacht hatte, wurde

er bestraft. Etliche Tiere durften die Bauern für sich selbst behalten, aber es waren zu wenige, um davon satt zu werden. Also versuchten sie, einige zu verstecken, und da das bei uns nicht möglich war, blieben die Schweine beim Nachbarn versteckt.
Wenn dann so ein Tier geschlachtet wurde, nannte man diese Sache „schwarz schlachten". Von diesem Schwein bekam ich auch etwas mit, mal ein Stück Speck, Wurst oder Fleisch. Es war eine kleine Hilfe für meine Familie in Bocholt.

Als Mama dann für ein paar Tage in die Klinik musste, durfte mein kleiner Bruder eine Woche auf dem Bauernhof bleiben. Er war sieben Jahre alt und sehr glücklich, jeden Tag satt zu werden. Er spielte den ganzen Tag mit den Kindern des Bauern. Auch der etwas ältere Bruder durfte ein paar Ferientage auf dem Hof verbringen. In ihrem bisherigen Leben hatten sie eigentlich nur Krieg und nachher den Hunger gekannt. Aber im Krieg hatten sie nicht gehungert. Jetzt konnten sie sich eine Woche lang jeden Tag satt essen. Und als sie nach Hause gebracht wurden, gab die Bäuerin ihnen eine Tasche voll mit Lebensmitteln mit.
Das war eine große Freude.

Eine Anzahl Gänse lief den ganzen Tag schnatternd auf dem Hof herum. Einige waren auch frech und liefen hinter uns her. Sie legten

schöne dicke Eier. Aber eigentlich wurden sie gehalten, um für neue Federbetten zu sorgen. Irgendwann, ein- oder zweimal im Jahr, wurden ihnen die Federn gerupft. Es waren die kleinen weichen Federn am Bauch. Die Bäuerin hielt die Gans so geschickt fest, dass sie nicht wegfliegen konnte. Die Gans schrie laut, denn es tat ihr weh. Es dauerte aber nicht lange und sie flog wieder davon. Dann kam die nächste an die Reihe.
Mir haben die Tiere Leid getan.

Auf dem Hof waren auch zwei Pferde. Sie hießen Luska und Flora. Sie mussten sehr viel arbeiten, denn einen Trecker hatte man damals nicht.
Frühmorgens spannte Franz die Pferde an und ging mit ihnen aufs Feld. Er war stundenlang draußen, um zu pflügen oder zu eggen und auch zu säen. Es war seine Aufgabe, mit den Pferden zu arbeiten und sie zu betreuen.
Sonntags spannte er die Pferde vor die Kutsche und fuhr die Familie nach Rhede. Dort besuchte man die Heilige Messe. Die Pferde wurden ausgespannt und in den Ställen der Gaststätten angebunden.
Nach dem Hochamt trafen sich die Männer in den Gaststätten. Sie tranken dabei einen Korn und rauchten eine Zigarre, wenn sie noch eine hatten.
Die Frauen gingen ins Dorf und schauten in den Geschäften nach, ob es schon etwas zu kaufen gab. Auf den Lebensmittelkarten

konnte man vielleicht etwas Zucker bekommen. Manchmal hatten sie Glück und bekamen Nähgarn oder Stopfgarn, um die alten Dinge zu flicken und zu stopfen.

Da ja nicht alle am Sonntagmorgen den Hof verlassen durften, war es genau geregelt, wer zu Hause bleiben musste. Wer einhüten musste – so nannte man es, wenn man zu Hause Dienst hatte -, also, wer das Mittagessen kochen und auf die Kleinen aufpassen musste, der ging zu Fuß nach Krechting in die Frühmesse.
Die anderen Leute waren damit beschäftigt, die Kühe zu melken und zu füttern und die anderen Tiere zu versorgen. Wenn sie sich dann gewaschen und umgezogen hatten, ging es mit der Kutsche ins Hochamt nach Rhede.
Währenddessen waren die Besucher der Frühmesse wieder da. In der ersten Zeit mussten wir immer zu Fuß nach Krechting gehen, weil die Fahrräder alle kaputt waren. Das waren immerhin einige Kilometer.
Das Einhüten ging immer abwechselnd, auch die Bäuerin kam an die Reihe.
Weil ich mich in der ersten Zeit noch nicht so auskannte, habe ich beim Einhüten immer noch jemanden bei mir gehabt.

Mit den Pferden konnte ich mich nicht anfreunden. Ich hatte einfach Angst vor ihnen. Trotzdem versuchte ich auf Luska zu reiten. Franz stieg auf Flora und sagte mir, was ich tun musste, um das Pferd zum Laufen zu bringen. Dann ritten wir bis zum Holzschuhmacher in Krommert um Holzschuhe zu kaufen. Aber er hatte keine mehr da. Ich war so froh, als ich wieder vom Pferd herunter klettern konnte. Ich hatte so eine Angst gehabt. Niemals ging ich mehr nah an ein Pferd heran.

Mit den Holzschuhen war es so: Wenn man dem Holzschuhmacher Pappelholz brachte, machte er Klumpen daraus. Da der Bauer ja viel Holz und auch viele Pappeln hatte, wurde eine Pappel geschlagen und hingebracht. Für meine Geschwister in der Stadt habe ich auch Klumpen bekommen. In der ersten Zeit nach dem Krieg wurden auch in der Stadt welche getragen. Schuhe gab es kaum zu kaufen.

Im Herbst

Am Allerseelentag mussten wir nach Krechting in die Kirche gehen. Nur wer einhüten musste, blieb zu Hause. Als wir zurückkamen, hieß es: „Jetzt schnell umziehen und in die Wotteln." Das war das Möhrenfeld. Die Möhren wurden alle an diesem Tag geerntet. Das Grün wurde entfernt und die Möhren kamen in ein Erdloch. Dieses deckte man zuerst mit Stroh und dann mit Erde zu. So konnte man das Gemüse den ganzen Winter frisch halten.

Am Ende des Jahres 1945 zog eine Flüchtlingsfamilie nach Barlo, wo der Vater beim Baron eine Anstellung bekam. Dafür kam eine andere Familie auf den Hof, junge Leute mit einem kleinen Sohn. Später kam noch die Oma dazu. Sie gingen von Anfang mit uns allen aufs Feld. Wir hatten viel Spaß mit ihnen.

Es war die Zeit, als die Knollen gepflückt werden mussten. Jeder nahm sich ein Stück vor, stellte sich in die Mitte dieses Stückes und zog die Knollen um sich herum aus dem Boden. Diese wurden auf einen Haufen geworfen.

Wir pflückten um die Wette. Jeder wollte zuerst den größten Haufen haben. Es war ein Spiel. Wir haben dabei viel gelacht.

Bei manchen anderen Arbeiten haben wir auch gewetteifert. Das war unser Sport. Wir waren alle junge Leute, die jahrelang mit der Angst gelebt hatten. Jetzt fühlten wir uns frei, frei und übermütig. Wir kannten keine Disco, kein Fernsehen, keinen Tanztee und die Kinos in der Stadt waren alle zerstört und trotzdem hatten wir keine Langeweile. Wir hatten jeden Tag satt zu essen und konnten wieder schlafen, ohne von Sirenen geweckt zu werden.

Die Knollen, die wir fast den ganzen Winter pflücken konnten, wurden an die Kühe verfüttert. Wenn die Pflänzchen noch ganz klein waren, kochten wir Gemüse daraus. Es war das Stängelgemüse.

In diesen Wochen, als der Hunger in der Stadt noch sehr groß war, kamen viele Leute und erbaten sich ganze Säcke davon. Man machte Stängel in große Steintöpfe. Sie wurden ganz fest mit Salz hineingestampft, dann zuerst mit einem Tuch, dann mit einem hölzernen Deckel und zuletzt mit einem großen Stein zugedeckt. So hatte man den ganzen Winter Gemüse.
Mit dem Weißkohl wurde es bei uns auf dem Hof genauso gemacht. Das Sauerkraut einzustampfen war immer eine besondere Sache. Dabei konnten fast alle mithelfen. Denn es wurden viele Steintöpfe mit Sauerkraut gefüllt, damit die vielen Leute auf dem Hof den ganzen Winter mit Gemüse versorgt werden konnten.

Alle fremden Familien, die auf dem Hof wohnten, halfen bei allen landwirtschaftlichen Arbeiten mit, aber jede hatte die Möglichkeit, für sich selber zu kochen. Für ihre Arbeiten wurden sie dann mit Lebensmitteln bezahlt. Geld nutzte nicht viel. Für die paar Dinge, die man auf Lebensmittelkarten kaufen konnte, brauchte man natürlich etwas Geld.
Ich bekam für meine Arbeit 20 Mark im Monat. Die gab ich zu Hause ab. Zu essen hatte ich ja genug, aber zu Hause konnte man manchmal Sachen, die es auf Lebensmittelkarten gab, nicht bezahlen. Papa hatte keine Arbeit. Die Fabriken standen noch alle still. In dem Betrieb, in dem Papa gearbeitet hatte, waren englische Soldaten

untergebracht. Er konnte dort mit noch ein paar Männern Aufräumungsarbeiten machen. Maria arbeitete in der Tauschzentrale. Da konnte jeder hingehen und Textilien oder Schuhe tauschen. Viel Lohn bekam sie dafür nicht. Irmgard bekam eine Lehrstelle bei einer Schneidermeisterin. Damals fragte man nicht, wieviel man denn verdienen könne. Jeder war froh, wenn er eine Lehrstelle bekam.

Im Winter

Die Kühe standen jetzt Tag und Nacht im Stall. Auf der Deele war es warm und angenehm. Die Kühe wurden morgens nach dem Melken gefüttert und am Nachmittag wieder. Das ging immer abwechselnd. Mal machten es die Mägde, mal die Knechte. Diese gingen auch öfter in den Wald um Bäume zu schlagen. Die Bäume sägte man in passende Stempel für die Bergwerke. Dann kamen große Laster aus dem Ruhrgebiet und holten das Holz ab.
 Aus den Zweigen band der Bauer Buschen, mit denen man den Backofen heizen konnte. Der Backofen war in der Backkammer eingemauert. Die Backkammer war ein Teil der Scheune. Um den Backofen zu heizen, wurden darin sechs Buschen verbrannt. Dann wurde die Glut auseinander geschoben und an den Seiten liegen gelassen. Die geformten Brote wurden in die Mitte dazwischen geschoben. Nach einiger Zeit war das Brot

fertig gebacken. In der Backkammer stand ein alter, ganz großer Tisch, auf dem der Teig geknetet wurde. Ich glaube, er war bestimmt hundert Jahre alt.
Aus dem Wald, vor allem von den Wallhecken, wurde auch Reisig geschnitten. Der Bauer band daraus Reisigbesen. Mit diesen Besen fegte man die Tenne und auch die Gänge des Kuhstalles.

Wir Mädchen haben nachmittags genäht, gesponnen und gebügelt. Jetzt, im Winter 1945, hatten wir ja schon wieder Strom und man konnte mit dem Elektrobügeleisen bügeln. Aber im Sommer, als ich in Krommert anfing mit der Arbeit, waren alle Stromleitungen kaputt und ich musste bügeln wie zu meiner Großmutter Zeiten. Ich bekam ein schweres altes Bügeleisen, das schon Jahre auf dem Dachboden gestanden hatte. Das Eisen hatte hinten ein kleines Türchen, in das man den heißen Bolzen hineinschob. Der Bolzen hatte schon einige Zeit in der heißen Glut des Ofens gelegen. Wenn er rot war, holte man ihn mit einer Zange heraus und schob ihn in das Eisen. Und nun ging es ans Bügeln. Die Oberhemden des Bauern waren ja noch einfach, denn sie hatten alle keinen Kragen. Die Männer trugen über dem Oberhemd noch extra ein Vorhemd mit Stehbördchen und vielen Falten. Diese Dinger zu bügeln, war gar nicht so einfach. Man nannte sie auch Schamiskes oder Vatermörder. Gott sei Dank

habe ich nie ein solches Ding beim Bügeln
verbrannt.

Gertrud saß im Winter jeden Nachmittag vor
dem Spinnrad. Überall holte man die alten
Spinnräder von den Dachböden. Der
Schreiner in Krechting fertigte auch neue an.
Die waren wohl nicht so schön wie die alten,
die meistens noch mit Schnitzereien versehen
waren, aber sie erfüllten ihren Zweck. Auf
allen Höfen hielt man Schafe, um an die so
wichtige Wolle zu kommen. Gertrud konnte
gar nicht genug spinnen. Alle Kinder
brauchten Pullover und Strümpfe. Die
Erwachsenen natürlich auch. Eine junge Frau
aus Bocholt kam jede Woche, um die Wolle
abzuholen und davon für die Kinder zu
stricken. Wenn sie ein Teil fertig hatte, kam
sie wieder, um neue Wolle zu holen und den
fertigen Pullover abzuliefern. Für ihre Arbeit
bekam sie dann Speck oder Roggenkörner, ein
bisschen Fleisch und Wurst.
Auch die Flüchtlingsfrau, die auf dem Hof
lebte, hat viel für die Kinder gestrickt. So half
einer dem anderen. Wer aber alt war und
nicht arbeiten konnte oder nichts zum
Tauschen hatte, war arm dran. Jeden Tag
kamen Leute aus Bocholt oder aus dem
Ruhrgebiet und bettelten um Roggen oder um
Kartoffeln. Die Bäuerin gab jedem ein paar
Kartoffeln. Dafür stand ein Korb voll auf der
Deele. Die armen Leute mussten schon den
ganzen Tag herumlaufen, um abends einen

Topf voll Kartoffeln kochen zu können. Es kamen alle mögliche Leute, Arbeiter und auch Studienräte habe ich gesehen.

Jedenfalls war ich froh, auf dem Hof zu sein. Jeden dritten Sonntag hatte ich frei und alle zu Hause freuten sich auf mein Kommen. Die Bäuerin gab mir eine Kanne mit drei Litern Milch mit, ein Säckchen Roggenkörner, ein Stück Fleisch oder Speck und Butterbrote für mich für den ganzen Tag. Dies alles musste ich auf dem langen Weg nach Hause tragen. Maria und Irmgard kamen mir schon in Büngern entgegen, um mir beim Tragen zu helfen. Sie hatten so einen Hunger, dass sie gleich die eingepackten Butterbrote auspackten und aßen.
Wenn ich zu Hause angekommen war und mich von dem langen Marsch ein bisschen erholt hatte, ging ich noch um 11 Uhr in die Messe. Es wäre damals unmöglich gewesen, nicht in die Kirche zu gehen.
Am Montagmorgen ging ich dann den langen Weg zurück. Ich hatte oftmals Angst, denn es war ein langer einsamer Weg von etwas zehn Kilometern durch Feld und Wald.

Im Februar 1946 durfte ich mit dem Fahrrad der Bäuerin nach Hause fahren. Ich sollte nämlich noch am gleichen Abend zurückkommen. Die Bäuerin erwartete ihr siebtes Kind.

Noch in derselben Nacht fuhr der Nachbar nach Krechting um die Hebamme zu holen. Alles musste mit dem Fahrrad erledigt werden. Telefon und Auto waren nicht vorhanden.
Am Morgen war das Baby schon da. Es war ein Mädchen und sollte Christine heißen.
Diese Woche ist mir gut in Erinnerung geblieben. Der Schnee lag noch dick auf den Feldern, aber langsam begann es zu tauen. Das Wasser in der Bocholter Aa und im Pleystrang stieg langsam an. Die Brücken waren noch zerstört. Über den Pleystrang hatte man eine schmale Holzbrücke gebaut. Es war schwer, mit dem Kutschwagen darüber zu fahren.
Aber das Kind musste getauft werden und folglich über den Fluss nach Rhede zur Gudulakirche gefahren werden.
Die Pferde wurden vor die Kutsche gespannt und die Paten stiegen mit dem Kind ein. Dann fuhren sie bis zur Brücke. Weil aber die Brücke nicht stabil genug war, um alles zu tragen, wurde das Pferd ausgespannt und vorsichtig über die Brücke geführt. Die Paten mit dem Kind stiegen aus und die Kutsche musste von zwei Männern über die Brücke geschoben werden. Dann wurde wieder eingespannt und eingestiegen und weiter ging´s nach Rhede. Auf dem Rückweg war es genau so. Das war schon eine Taufe mit kleinen Hindernissen.
Zu Hause waren wir Mädchen und einige Nachbarinnen damit beschäftigt, das

Festessen zu bereiten. Alle Onkel und Tanten stellten sich so langsam ein. In der besten Kammer wurde der lange Tisch gedeckt. Dort aßen nur die Gäste und die Bauersleute. Kinder, Knechte und Mägde aßen in der Stube hinter der Küche. Nach dem Mittagessen durfte ich den Täufling herumreichen. Darüber habe ich mich sehr gefreut.

In den ganzen vier Jahren, in denen ich auf dem Hof war, habe ich nicht ein einziges Mal in der guten Stube gegessen. Nur an Weihnachten fand dort die Bescherung statt. Es gab selbst gebackene Plätzchen, Äpfel und Wallnüsse. Sonst gab es einige selbst gebastelte Dinge.
Das ganze Leben der Familie spielte sich in der großen Kammer hinter der Küche ab. Ein großer Ofen, der ständig mit Holz gefüttert werden musste, verbreitete eine behagliche Wärme. Ein kleines Sofa, eine lange Bank, ein ebenso großer Tisch und eine Anzahl Stühle standen darin. Am Fenster standen ein kleiner Tisch, das Spinnrad und die Nähmaschine. Das war alles, was wir brauchten. Beim Essen saß der Bauer am Kopfende des Tisches, seine Frau zu seiner rechten Seite. Die Kinder saßen auf der langen Bank auf der anderen Seite des Vaters, daneben saßen die Knechte. Das kleinste Kind saß auf dem Schoß der Mutter. Wir Mädchen saßen auf den Stühlen vor dem Tisch, da konnten wir immer schnell aufstehen und die anderen bedienen.

Vor dem Essen sprach der Bauer das Tischgebet. Auch nach dem Essen wurde gebetet. Die Gebete waren ziemlich lang und den Kindern fiel das Stillsitzen schwer. Im Rosenkranzmonat Oktober beteten wir nach dem Abendessen den Rosenkranz. Alle knieten sich auf den Fußboden und legten ihre Arme auf den Sitz des Stuhles. Die Knechte und Mägde beteten zwar mit, blieben aber auf ihren Stühlen sitzen. Manchmal ging auch einer der Knechte hinaus. Der Bauer betete oft vor. Er sprach so schnell, dass man die Hälfte nicht verstand. Als er das Gesetz betete: „den du, oh Jungfrau, zu Elisabeth getragen hast" verstand ich immer nur: „den du zu Bett getragen hast." Aber wir durften nicht lachen.

Zum Bauernhof gehörte auch eine große Jagd und einmal im Jahr wurde zur großen Jagdvisite eingeladen. Alle Onkel und Nachbarn gingen mit auf die Jagd.
Auch die Frauen kamen mit und machten sich einen gemütlichen Tag. Es gab ein tolles Mittagessen, danach Torte und Kaffee und am Abend, wenn die Männer von der Jagd zurückkamen, war das Abendessen schon auf dem Tisch. Wir Mädchen hatten einen harten Tag.
Die erlegten Tiere mussten in den nächsten Tagen verarbeitet werden, Fasanen, Hasen, Kaninchen und Rehe. Das Fleisch musste in Gläser eingekocht werden, denn Kühlschränke oder Truhen gab es ja nicht. Es war eine

Menge Arbeit. Ich kann mich nicht erinnern, je ein Stück Wild gegessen zu haben.

Während ich beim Bauern keinen Hunger mehr hatte, war es in der Stadt noch nicht besser geworden. Die Leute stahlen manchmal des Nachts das Vieh von der Weide. Oder der Bauer entdeckte, dass man auf dem Kartoffelfeld einige Reihen in der Nacht geerntet hatte.
Einmal hatte man in Büngern nachts eine Kuh geschlachtet. Die Polizei suchte nach den Tätern. Mein Vater kam gerade von Krommert. Er hatte von der Bäuerin ein Stückchen Fleisch und etwas Wurst bekommen. Er wurde von der Polizei angehalten und kontrolliert. Aber sie merkten gleich, dass er nicht der Dieb sein konnte. Mein Vater sagte: „Die Kuh hat sicher keine Schweinewurst bei sich gehabt." Da lachten die Beamten und meinten, sie müssten halt bei jedem nachsehen.
Als die Bäuerin einmal ein frisch gebackenes Brot zum Auskühlen auf die Fensterbank gelegt hatte, war es kurze Zeit danach verschwunden. „Das hat ein Hamsterer mitgenommen!", schimpfte sie. Hamsterer nannte man die Leute, die über Land zogen um bei den Bauern zu betteln.
Im Herbst fragten auch viele Leute, ob sie bei der Kartoffelernte helfen dürften. Als Arbeitslohn gab es dann einen Sack Kartoffeln. Andere suchten die abgeernteten Felder nach

Kartoffeln und Kornähren ab. Viele Kinder stahlen vor Hunger Obst aus fremden Gärten. Das nannte man Mundraub. Es wurde nicht bestraft. Meine Geschwister hätten so was nie getan.

Wenn im Herbst die Kartoffeln ausgemacht wurden, brachte man sie mit Körben auf eine zweirädrige Karre. War die Karre voll, fuhr der Bauer sie auf die Deele und kippte die Kartoffeln auf den Boden. Dort mussten sie einige Zeit liegen bleiben. Dann wurden sie aussortiert und in Säcke gefüllt. Jede Familie, die beliefert wurde, bekam pro Person einen Zentner auf ihre Lebensmittelkarten. Franz fuhr nach Rhede und Bocholt, um die Kartoffeln zu liefern. Als wir die Karre für meine Familie beluden, sagte der Bauer: „Werft nur ein paar Körbe mehr drauf!" Das ließen wir uns nicht zweimal sagen.

Dann kam wieder ein langer Winter. Im Februar 1947 bekam die Bäuerin die Nachricht, dass ihr Bruder August, der in russischer Kriegsgefangenschaft gewesen war, auf dem Rückweg in die Heimat verstorben war. In Friedland, wo all die Gefangenen ankamen, war er entweder tot angekommen oder gestorben. Das war eine schlimme Nachricht. Jetzt musste die Bäuerin mit ihrem Mann nach Stadtlohn, um bei ihren Eltern zu sein. Da man weder mit dem Auto noch mit dem Bus fahren konnte, wurden die Pferde angespannt und eine lange Kutschfahrt stand ihnen bevor.

Dann waren wir mit den Kindern allein. In der Nacht heulte ein schrecklicher Sturm. Es war ganz unheimlich, ohne einen Erwachsenen in dem großen Haus zu sein. Wir mussten die Kinder und auch das Vieh alleine versorgen.

Ein Geschäftsmann aus Stadtlohn holte den Toten in Friedland ab.

Als August dann begraben war, wollten seine Eltern gerne einen Enkel auf ihrem Hof haben. Also wurde entschieden, dass Josef zu seinen Großeltern nach Stadtlohn sollte, um später den Hof zu übernehmen. Josef war neun Jahre alt und mit seinen Geschwistern zusammen groß geworden. Jetzt sollte er auf einmal mit zwei alten Leuten auf einem Hof leben und noch in eine andere Schule gehen. Ich fand das sehr schlimm für das Kind. Er hätte ja auch noch mit vierzehn Jahren dorthin gehen können. Mir hat er sehr Leid getan.

Josef war ein sehr liebes Kind. An einem freien Sonntag habe ich ihn mal mit nach Bocholt genommen. Er hat so viele Fragen gestellt. Dass wir in einem Reihenhaus wohnten, konnte er gar nicht verstehen. Die Haustür nebenan hielt er für unsere Scheune. „Wo sind eure Kühe und wo ist das Feld?", fragte er. Ich sagte ihm, dass wir so etwas nicht hätten. Da fragte er ganz entrüstet, was wir denn den ganzen Tag machten. Er sagte das alles in Plattdeutsch. Er kannte ja nur

Bauernhöfe und unser kleines Haus war etwas
völlig Neues für ihn.

Jetzt kam der Sommer 1947. Er war sehr heiß.
Die Uhren waren um zwei Stunden vorgestellt
worden und wir konnten erst ab 16 Uhr auf die
Felder gehen und bis 20 Uhr bleiben. Aber in
den Mittagsstunden war es viel zu heiß um zu
arbeiten.

Franz hatte immer noch nichts von seiner
Familie gehört. Bei einem Nachbarn waren
auch Flüchtlinge aus Pommern. Sie sagten uns,
dass der Pastor aus dem Heimatort von Franz
in Rhede wäre. Franz suchte ihn dann auf, um
ihn nach seinen Eltern zu fragen. Aber der
meinte, die ganze Familie sei bei der Flucht
aus Pommern ums Leben gekommen. Er kam
total verstört zurück und kam lange nicht aus
seinem Zimmer heraus. Wir waren alle sehr
besorgt um ihn.
Familie Kyris, die Flüchtlingsfamilie auf
unserem Hof, half mir, an den Suchdienst zu
schreiben, um herauszufinden, ob nicht doch
noch jemand aus der Familie lebte. Aber in
den ersten drei Jahren, in denen wir in
Krommert waren, haben wir nichts erfahren.
Erst nach drei Jahren, als wir eine
Suchanzeige im Petrusblatt in Berlin
aufgegeben hatten, kamen viele Briefe von
Leuten, die etwas wussten, aber nichts
Genaues. Die Briefe waren an Frau Kyris
gerichtet. Wir hatten Franz nichts von der

Suchanzeige erzählt. Wir wollten es ihm erst sagen, wenn wirklich eine gute Nachricht da war.

Nach drei Jahren kam vom Suchdienst die Nachricht, dass in England ein gewisser Alois Schmidt die gleiche Familie suchte. Sie hätten festgestellt, dass es sein Bruder sei. Franz freute sich unheimlich.

Alois war als Soldat im Afrikakorps gewesen und war dort von den Amerikanern gefangengenommen worden. Zuerst war er in amerikanischer Gefangenschaft. Später waren viele deutsche Gefangene nach England gebracht worden und mussten dort arbeiten. Sie konnten nur entlassen werden, wenn sie einen Ort angeben konnten, wo sie aufgenommen wurden, da sie ja nicht in die russisch besetzten Zonen entlassen wurden. Also erklärten sich die Bauersleute bereit, Alois vorerst aufzunehmen.

Zur gleichen Zeit kam auch eine Karte an Franz von seiner Mutter. Wir hatten dem Briefträger gesagt, nur wenn er eine gute Nachricht für ihn hätte, sollte er ihm die Karte geben. Vom Küchenfenster aus sah ich, wie der Briefträger über den Acker rannte, direkt auf Franz zu, der dort gerade mit den Pferden pflügte. Der Postbote hatte die Karte schon gelesen und wusste Bescheid.

Das war eine große Freude im ganzen Haus.

Nach einigen Tagen schon kam per Post ein Koffer mit Sachen von Alois aus England an. Eine Woche später kam ein Nachbarjunge

zum Bauern und sagte: „Am Bahnhof in Rhede
wartet die Mutter von Franz. Man solle sie
abholen. Ein Bahnbeamter hat bei uns
angerufen.“ Franz spannte die Pferde vor die
Kutsche und fragte mich, ob ich nicht
mitfahren wollte. Also fuhr ich mit.
Franz hatte seine Mutter über vier Jahre nicht
gesehen. Als wir die Wartehalle betraten, saß
eine Frau ganz allein in dem großen Raum. Sie
stand ganz langsam auf und ging auf Franz zu.
Sie war total fertig und schaute Franz immer
an, als könnte sie nicht glauben, dass er
tatsächlich da war. Sie waren unfähig, etwas
zu sagen. Ein jeder hatte ja geglaubt, der
andere wäre nicht mehr am leben. Sie hielten
sich nur an den Händen und schauten sich an.
Dann fuhren wir nach Krommert zurück. Die
Mutter erzählte, dass sie noch drei Jahre nach
dem Krieg bei den Russen gelebt hatten und
dann erst heraus konnten aus dem Osten.
Leider waren sie nicht bis in den Westen
gekommen, sondern sie mussten vor der
Grenze in der Ostzone bleiben. Um Franz
besuchen zu können, musste sie über die
Grenze, was sehr gefährlich war. Deshalb war
sie auch total fertig.
Leider war Alois noch nicht bei uns in
Krommert angekommen und so konnte sie ihn
nicht sehen, denn sie musste ja wieder zurück
in die Ostzone, weil ihre fünf anderen Kinder
und ihr Mann dort warteten. Sie hatten alle
überlebt. Als sie zurückging, wurde sie an der

Grenze festgenommen und für einige Tage eingesperrt.

Am 20. Juni 1948 kam morgens durchs Radio die Nachricht, dass die Währungsreform da wäre. Von einem Tag zum anderen bekamen wir neues Geld. Die Reichsmark war ungültig und dafür bekamen wir die Deutsche Mark. Aber nur in den drei westlichen Zonen. Die Ostzone behielt ihr Geld.
Jeder Bürger bekam 40 DM Kopfgeld. Das alte Geld wurde 1:10 umgetauscht. Die Bäuerin weinte, als von ihrem Aussteuergeld nur wenig übrig blieb.
Von dem neuen Geld bekam ich ein Fahrrad, damit ich nicht immer den ganzen weiten Weg nach Bocholt und zurück laufen musste. Aber meine 40 DM reichten nicht und so gaben mir meine Geschwister etwas dazu.
Als das neue Geld da war, konnte man auf einmal vieles kaufen. Die Händler hatten die Ware so lange zurückgehalten. Sie hatten wohl damit gerechnet, dass das neue Geld bald kommen würde.
Die Währungsreform veränderte alles. Es gab wieder genug zu essen in der Stadt und die Fabriken und Handwerker konnten wieder arbeiten, weil sie mit dem neuen Geld wieder Material einkaufen konnten.
Wir konnten Textilien kaufen. Irmgard, die in der Schneiderlehre war, nähte mir mein erstes

neues Kleid. Wir hatten uns jahrelang mit alten Sachen behelfen müssen.

Ich überlegte mir, ob ich nicht wieder nach Bocholt zurückgehen sollte, um etwas mehr Geld zu verdienen. Ich bekam immer noch 20 DM im Monat. Davon konnte man kaum etwas sparen. Aber die Bäuerin bat mich noch etwas zu bleiben, da sie wieder ein Kind erwartete, und da versprach ich, noch zu warten, bis sie wieder aus dem Wochenbett aufstehen konnte.

Am 1. Juni 1949 kam dann das Kind zur Welt. Es war ein Mädchen und sollte Aloisia heißen. Nun konnte ich wieder nach Hause zurückgehen. Aber es fiel mir sehr schwer, die Kinder nicht mehr um mich zu haben. Ich hatte sie alle versorgt, sie abends ins Bett gebracht und mit den größeren die Schularbeiten gemacht.

Aber ich war jetzt zwanzig Jahre alt und musste an meine Zukunft denken. Mit Franz hatte ich mich im Laufe der Jahre sehr angefreundet, und als ich wieder in Bocholt war, kam er mich sonntags besuchen. Er wollte auch gerne eine Lehre anfangen, um sich eine Existenz aufzubauen. Aber wo sollte er wohnen? Ohne Eltern und ohne Elternhaus war es für einen Jugendlichen ganz schwer sein Leben zu verändern. Er konnte nichts machen, als weiterhin bei dem Bauern zu bleiben.

In seiner Heimat wäre er auch Bauer geworden, denn als er aus der Schule entlassen war, war er auf den Hof seines Onkels gekommen. Der Onkel hatte keine Kinder und so hätte er dort bleiben können. Und das wäre das Schönste für ihn gewesen. Denn er arbeitete am liebsten mit den Pferden.

So langsam verließen alle Flüchtlinge die Bauernhöfe und suchten sich Arbeit in der Stadt. Aber es war sehr schwer eine Wohnung zu finden.

Da Franz und ich beschlossen hatten zusammen zu bleiben, meinte meine Mutter, er könnte bei uns wohnen und mit meinen Brüdern das Zimmer teilen, damit er endlich in der Stadt arbeiten konnte und wir irgendwann auch heiraten konnten.

Nachdem ich nicht mehr beim Bauern war, kam Alois endlich aus der englischen Gefangenschaft. Er konnte die erste Zeit in Krommert bleiben, suchte sich aber bald ein Zimmer und eine Arbeitsstelle. Um diese Zeit war es schon einfacher etwas zu finden. Er bekam auch einen Brief aus der Ostzone, die jetzt zur Deutschen Demokratischen Republik, kurz DDR, geworden war. Er war von seiner Braut, die gerade aus russischer Gefangenschaft gekommen war. Sie war drei Jahre in Sibirien gefangen gewesen und hatte schreckliche Dinge erlebt. Sie wollte nun

unbedingt in den Westen. Aber es war nicht so einfach, die Grenze zu überwinden. Stacheldraht war gespannt und Grenzposten waren überall. Man konnte es nur nachts versuchen.
Jedenfalls hat sie es gewagt und ist gut im Westen angekommen.

Ich arbeitete jetzt schon drei Jahre in einer Fabrik und verdiente etwas Geld, um für eine Aussteuer zu sparen. Ich wollte keine neue Lehre anfangen, denn dann hätte ich viel weniger Geld gehabt. Aber wir hatten ja jahrelang nichts kaufen können und da war das Geld so wichtig. Allen Mädchen in dem Betrieb ging es genau so. Wir hatten alle gute Zeugnisse und hätten andere Berufe erlernen können, aber der Krieg und die Nachkriegsjahre hatten uns alle Chancen genommen. Nun mussten wir nur das Beste daraus machen.

Franz bekam auch eine Arbeitsstelle in einem Betrieb und das war mitten im heißen Sommer. Es war für ihn zuerst sehr schlimm. Er hatte jahrelang unter freiem Himmel gearbeitet und jetzt war er zehn bis zwölf Stunden unter einem Glasdach eingesperrt.
Aber sonntags fuhren wir oft mit dem Fahrrad nach Krommert um die Bauernfamilie zu besuchen. Der Hof war ja jahrelang unser Zuhause gewesen.

Jetzt suchten wir nach einer eigenen Wohnung. Es war einfach nicht möglich eine zu finden. Und wenn man nicht verheiratet war, wurde man nicht in die Liste der Wohnungssuchenden eingetragen. Also heirateten wir standesamtlich im Juli 1953.
Aber als wir immer noch keine Wohnung fanden, bauten meine Eltern den Dachboden aus und wir bekamen ein großes Zimmer bei uns zu Hause.

Zwischen Weihnachten und Neujahr haben wir dann kirchlich geheiratet. Zu Weihnachten erhielt nämlich Franz´ Mutter aus der DDR die Erlaubnis ihn zu besuchen und so konnten wir mit ihr zusammen Hochzeit feiern.

AnnelieseSchmidt geb. Stennecken, Jahrgang 1928, erzählt in ihrem Buch der Enkelgeneration von ihrer Familie, ihrer Jugend im Krieg, dem Leben unter der Hitlerdiktatur und dem Verlust ihrer älteren Brüder.
Im zweiten Teil berichtet sie vom Leben auf dem Lande nach dem Krieg, von alten Sitten und Arbeitsmethoden, aber auch von der bunt zusammengewürfelten Lebensgemeinschaft auf dem Hof, auf dem sie auch ihren Mann kennenlernte.
Anneliese Schmidt lebte bis zu ihrem Tod mit ihrem Mann Franz in Bocholt. Noch im Alter von 67 Jahren fing sie mit der Aquarellmalerei an und begeisterte mit ihren Bildern Familie und Freunde. Die Beschäftigung mit Kindern aber war bis zum Schluss für sie das Schönste. Sie starb am 22. Mai 2015.

Persönliche Einträge zur Familienchronik